浙江文化艺术发展基金资助项目

杭州优秀传统文化丛书

Hangzhou Youxiu Chuantong Wenhua Congshu

千年市集声

王姝——著

杭州出版社

图书在版编目（CIP）数据

千年市集声 / 王姝著 . -- 杭州 : 杭州出版社 , 2022.8

（杭州优秀传统文化丛书）

ISBN 978-7-5565-1667-4

Ⅰ . ①千… Ⅱ . ①王… Ⅲ . ①集市贸易—贸易史—杭州 Ⅳ . ① F724.3 ② F727.551

中国版本图书馆 CIP 数据核字（2022）第 001434 号

Qiannian Shiji Sheng

千年市集声

王　姝/著

责任编辑　沈　倩
装帧设计　祁睿一　李铁军
美术编辑　卢晓明
责任校对　段伟文
责任印务　屈　皓
出版发行　杭州出版社（杭州西湖文化广场32号6楼）
电话：0571-87997719　邮编：310014
网址：www.hzcbs.com
排　　版　浙江时代出版服务有限公司
印　　刷　天津画中画印刷有限公司
经　　销　新华书店
开　　本　710 mm × 1000 mm　1/16
印　　张　16
字　　数　197千
版 印 次　2022年8月第1版　2022年8月第1次印刷
书　　号　ISBN 978-7-5565-1667-4
定　　价　58.00元

序　言

文化是城市最高和最终的价值

我们所居住的城市，不仅是人类文明的成果，也是人们日常生活的家园。各个时期的文化遗产像一部部史书，记录着城市的沧桑岁月。唯有保留下这些具有特殊意义的文化遗产，才能使我们今后的文化创造具有不间断的基础支撑，也才能使我们今天和未来的生活更美好。

对于中华文明的认知，我们还处在一个不断提升认识的过程中。

过去，人们把中华文化理解成“黄河文化”“黄土地文化”。随着考古新发现和学界对中华文明起源研究的深入，人们发现，除了黄河文化之外，长江文化也是中华文化的重要源头。杭州是中国七大古都之一，也是七大古都中最南方的历史文化名城。杭州历时四年，出版一套“杭州优秀传统文化丛书”，挖掘和传播位于长江流域、中国最南方的古都文化经典，这是弘扬中华优秀传统文化的善举。通过图书这一载体，人们能够静静地品味古代流传下来的丰富文化，完善自己对山水、遗迹、书画、辞章、工艺、风俗、名人等文化类型的认知。读过相关的书后，再走进博物馆或观赏文化景观，看到的历史遗存，将是另一番面貌。

过去一直有人在质疑，中国只有三千年文明，何谈五千年文明史？事实上，我们的考古学家和历史学者一直在努力，不断发掘的有如满天星斗般的考古成果，实证了五千年文明。从东北的辽河流域到黄河、长江流域，特别是杭州良渚古城遗址以距今5300—4300年的历史，以夯土高台、合围城墙以及规模宏大的水利工程等史前遗迹的发现，系统实证了古国的概念和文明的诞生，使世人确信：这里是古代国家的起源，是重要的文明发祥地。我以前从来不发微博，发的第一篇微博，就是关于良渚古城遗址的内容，喜获很高的关注度。

我一直关注各地对文化遗产的保护情况。第一次去良渚遗址时，当时正在开展考古遗址保护规划的制订，遇到的最大难题是遗址区域内有很多乡镇企业和临时建筑，环境保护问题十分突出。后来再去良渚遗址，让我感到一次次震撼：那些“压”在遗址上面的单位和建筑物相继被迁移和清理，良渚遗址成为一座国家级考古遗址公园，成为让参观者流连忘返的地方，把深埋在地下的考古遗址用生动形象的“语言”展示出来，成为让普通观众能够看懂、让青少年学生也能喜欢上的中华文明圣地。当年杭州提出西湖申报世界文化遗产时，我认为这是一项需要付出极大努力才能完成的任务。西湖位于蓬勃发展的大城市核心区域，西湖的特色是“三面云山一面城”，三面云山内不能出现任何侵害西湖文化景观的新建筑，做得到吗？十年申遗路，杭州市付出了极大的努力，今天无论是漫步苏堤、白堤，还是荡舟西湖里，都看不到任何一座不和谐的建筑，杭州做到了，西湖成功了。伴随着西湖申报世界文化遗产，杭州城市发展也坚定不移地从“西湖时代”迈向了“钱塘江时代”，气势磅礴地建起了杭州新城。

从文化景观到历史街区，从文物古迹到地方民居，众多文化遗产都是形成一座城市记忆的历史物证，也是一座城市文化价值的体现。杭州为了把地方传统文化这个大概念，变成一个社会民众易于掌握的清晰认识，将这套丛书概括为城史文化、山水文化、遗迹文化、辞章文化、艺术文化、工艺文化、风俗文化、起居文化、名人文化和思想文化十个系列。尽管这种概括还有可以探讨的地方，但也可以看作是一种务实之举，使市民百姓对地域文化的理解，有一个清晰完整、好读好记的载体。

传统文化和文化传统不是一个概念。传统文化背后蕴含的那些精神价值，才是文化传统。文化传统需要经过学者的研究提炼，将具有传承意义的传统文化提炼成文化传统。杭州与丛书作者在创作方面作了种种古为今用、古今观照的探讨交流，还专门增加了“思想文化系列”，从杭州古代的商业理念、中医思想、教育观念、科技精神等方面，集中挖掘提炼产生于杭州古城历史中灵魂性的文化精粹。这样的安排，是对传统文化内容把握和传播方式的理性思考。

继承传统文化，有一个继承什么和怎样继承的问题。传统文化是百年乃至千年以前的历史遗存，这些遗存的价值，有的已经被现代社会抛弃，也有的需要在新的历史条件下适当转化，唯有把传统文化中这些永恒的基本价值继承下来，才能构成当代社会的文化基石和精神营养。这套丛书定位在“优秀传统文化”上，显然是注意到了这个问题的重要性。在尊重作者写作风格、梳理和讲好“杭州故事”的同时，通过系列专家组、文艺评论组、综合评审组和编辑部、编委会多层面研读，和作者虚心交流，努力去粗取精，古为今用，这种对文化建设工作的敬畏和温情，值得推崇。

人民群众才是传统文化的真正主人。百年以来，中华传统文化受到过几次大的冲击。弘扬优秀传统文化，需要文化人士投身其中，但唯有让大众乐于接受传统文化，文化人士的所有努力才有最终价值。有人说我爱讲“段子”，其实我是在讲故事，希望用生动的语言争取听众。今天我们更重要的使命，是把历史文化前世今生的故事讲给大家听，告诉人们古代文化与现实生活的关系。这套丛书为了达到“轻阅读、易传播”的效果，一改以文史专家为主作为写作团队的习惯做法，邀请省内外作家担任主创团队，组织文史专家、文艺评论家协助把关建言，用历史故事带出传统文化，以细腻的对话和情节蕴含文化传统，辅以音视频等其他传播方式，不失为让传统文化走进千家万户的有益尝试。

中华文化是建立于不同区域文化特质基础之上的。作为中国的文化古都，杭州文化传统中有很多中华文化的典型特征，例如，中国人的自然观主张“天人合一”，相信“人与天地万物为一体”。在古代杭州老百姓的认知里，由于生活在自然天成的山水美景中，由于风调雨顺带来了富庶江南，勤于劳作又使杭州人得以“有闲”，人们较早对自然生态有了独特的敬畏和珍爱的态度。他们爱惜自然之力，善于农作物轮作，注意让生产资料休养生息；珍惜生态之力，精于探索自然天成的生活方式，在烹饪、茶饮、中医、养生等方面做到了天人相通；怜惜劳作之力，长于边劳动，边休闲娱乐和进行民俗、艺术创作，做到生产和生活的和谐统一。如果说“天人合一”是古代思想家们的哲学信仰，那么“亲近山水，讲求品赏”，应该是古代杭州人的生动实践，并成为影响后世的生活理念。

再如，中华文化的另一个特点是不远征、不排外，这体现了它的包容性。儒学对佛学的包容态度也说明了这一点，对来自远方的思想能够宽容接纳。在我们国家的东西南北甚至是偏远地区，老百姓的好客和包容也司空见惯，对异风异俗有一种欣赏的态度。杭州自古以来气候温润、山水秀美的自然条件，以及交通便利、商贾云集的经济优势，使其成为一个人口流动频繁的城市。历史上经历的“永嘉之乱，衣冠南渡”，“安史之乱，流民南移”，特别是“靖康之变，宋廷南迁”，这三次北方人口大迁移，使杭州人对外来文化的包容度较高。自古以来，吴越文化、南宋文化和北方移民文化的浸润，特别是唐宋以后各地商人、各大商帮在杭州的聚集和活动，给杭州商业文化的发展提供了丰富营养，使杭州人既留恋杭州的好山好水，又能用一种相对超脱的眼光，关注和包容家乡之外的社会万象。这种古都文化，也代表了中华文化的包容性特征。

城市文化保护与城市对外开放并不矛盾，反而相辅相成。古今中外的城市，凡是能够吸引人们关注的，都得益于与其他文化的碰撞和交流。现代城市要在对外交往的发展中，进行长期和持久的文化再造，并在再造中创造新的文化。杭州这套丛书，在尽数杭州各色传统文化经典时，有心安排了“古代杭州与国内城市的交往”“古代杭州和国外城市的交往”两个选题，一个自古开放的城市形象，就在其中。

“杭州优秀传统文化丛书”团队在传统和现代的结合上，想了很多办法，做了很多努力。传统文化丛书要得到广大读者接受，不是件简单的事。我们已经走在现代化的路上，传统和现代的融合，不容易做好，需要扎扎实实地做，也需要非凡的创造力。因为，文化是城市功能的最高价值，也是城市功能的最终价值。从“功能城市”走向“文化城市”，就是这种质的飞跃的核心理念与终极目标。

单霁翔

2020年9月

（单霁翔，中国文物学会会长）

南屏烟雨图（局部）

目 录

第三章

吴越国集市上的火灾

第四章

好一场皇城之筵

第五章

杭州十二时辰

第一章
黄土下的市集喧嚣

中国最早的集市，就是在井边汲水时，百姓各自带着家中所余物品，来跟别人做一个以物易物的交换。坐落在杭州城北的良渚古城遗址，是实证"中华五千年文明史"的圣地，被列入世界文化遗产。良渚遗址规模宏大的外围水利工程，宫殿、内城、外郭的三重城市结构，统一的信仰，高等级的墓葬，充分证明良渚古城正是环太湖流域良渚文化部族的王城所在。良渚古城的城墙由八处水城门、一个陆城门构成，城内河网密布，还有码头、水井、独木舟等，无疑已经为原始集市的出现提供了物质条件。作为良渚古国标志的玉琮，其分布范围之广远远超出当时的交通能力。西北至甘肃武威、天水等地的齐家文化遗存，西南至四川的金沙遗址、三星堆遗址；向南到岭南，广东的石峡遗址，北上至山西临汾的陶寺遗址、山东大汶口文化的新沂花厅遗址都有玉琮或良渚式的玉器出土。仅仅用部落迁徙恐怕解释不了如此大范围的、跨地区的分布。这其中，会不会也有良渚人与其他部落市场交换的作用呢？

五千年前的良渚城，已经埋在了黄土之下。当春风拂过遗址上今人种植的狼尾巴草时，在草叶的沙沙声中，是否可以听见五千年前市集喧嚣的回响？

水井边的石器摊子

大胆假设一下，当时的良渚社会，是否存在着这样一条“石器之路”呢？单是这种制作石锛的石料，就已经在直线距离百公里之外的地方……如果说在良渚时期，长江下游地区或者环太湖地区存在某种形式的贸易的话，那么在这个区域，相应地就会有一些特殊的地点。这些地点可能是特殊石料的产地或采集地，可能是石器加工场，也可能是贸易集散地，甚至是兼具以上两种或三种属性的区域性中心。这些地点相互连接，将会构成一个复杂的贸易网络。

——姬翔、王宁远、董传万、罗以达《工程与工具——良渚石记》

春分过后，日光一天比一天起得早。太阳从林间刚刚爬出，便往嫩绿嫩绿的树梢头撒了一大把金，这金色透过茅草顶的缝隙，照耀到躺在土炕上的锛身上，闪得他睁不开眼。睁不开眼，却再睡不着了。锛忙掀开盖在腹上的麻布织毯，一个鱼打挺就坐起来了。年轻人贪睡，这可差点儿就误了大事。

锛今年已经十六岁，完全是成年男子了。氏族中比他小一两岁的，都已成家育子。只因他家在氏族中是个小户，锛的父亲又在狩猎时受了重伤，早早过世。锛与母亲相依为命，靠氏族中的救济制度，方才挨度到成年。

锛是个聪明的孩子，学着大人们制石器，镞、锛、犁、镰，很快就无一不精。他制器的时候，眯着一只眼，就能从一堆石料中准确地挑出适宜制锛的沉积岩和凝灰岩。颜色是越深越好，尤其是黑色硅质岩，质地硬还好加工。质地再纯一些，就是黑燧石了，比玉料还硬，可以用作琢玉的钻头，卖给城里的玉匠，能换得好多稻谷。灰紫色的也不错，那一层层的条纹简直是石匠最喜欢的形状，细条也罢，宽条也好，顺着纹理去加工，容易趁手砸开，要圆得圆，要方得方。再转个向，沿着纹理垂直方向去开刃，不但不会让石锛崩裂，更可以加工得锋利无比，镶上木柄之后，好用得很。因为石锛制得好，以器得名，人皆呼他为锛。除了善制石锛，他还常常有些新奇的点子，往往大受欢迎，比如有些熔岩天然带斑点花纹，拿它们制成花石钺，不必开刃，竟然也很畅销。

锛已经积了好几天所制的石器，有开刃的、未开刃的锛，有漂亮的花石钺，还有石镰、石刀。至于石镞，大都用泥岩和斑点角岩制成，质地疏，最容易加工，锛都看不太起。只因为石镞实在是个消耗品，用量极大，锛也不得不批量地制了几百个。休息日到了，锛就计划着今天一早，去庙前水井边赶个早市，用这些天制成的石器，换得他与母亲所需的稻谷。谁料想，这一睡就睡过了头。

锛一骨碌起来，走到墙角。他所制的石锛、石镞、石刀、石镰们正静静地躺在竹篓里。那篓是他砍了山上老竹，用火烤炙后，一根根劈成竹篾，母亲又替他细细编成的。口小，肚大，装得多，不会塌漏。母亲还在竹篓中间用骨针缝制了两条麻布带子，使他可以用双肩背起这竹篓，还可以空出双手拿些别的器具。

那竹篓上盖着一块母亲送给锛的鹿皮，可以用来防

左上：良渚文化双孔石刀　　右上：浙江余杭卞家山遗址出土的良渚文化石镞
左下：良渚文化石锛　　右下：良渚文化石镰（福泉山遗址）

雨水。这鹿皮已经磨得发亮，母亲没有说过它的来历。锛只知道，她从前日日都将它枕在头下，片刻也不离身。锛曾猜想，这或许是父亲亲手猎得，送给母亲的纪念物。直到锛的石匠手艺成熟，正式开始依靠所制石器，换取他母子所需的生活物资时，母亲才将这鹿皮郑重其事地赠送给了锛。锛拎起竹篓，手脚麻利地快快出了门。

庙前这口木构水井，是氏族众人聚集的中心。锛小时候就常常在井边玩耍，会和小伙伴们一起趴在井沿数数。那时候，锛已经表现出器具制造方面的天赋。当别的孩子漫无目的地扒拉着井沿上的青苔时，锛却研究起了木构的榫卯，并在心中默默记下。

每天，天才蒙蒙亮的时候，水井就开始醒来。来汲水的人们排起队，顺便带了各家所余的物品，沿水井摆开，喧嚣杂嚷，互相交流着物资。我的一块鹿肉换你两兜稻谷，他的两把石镰换你一篓鲜鱼，你的两把陶豆则可以换回一个小小的玉管，挂在小孩子的胸前作为装饰。不出一个时辰，井边的交易已然完成，人们汲满了一日所需的井水，带着各自换得的物品，心满意足地回家，又开始一日的劳作。每隔一段时间会有一个集市日，氏族中的男女老少，都涌到井边，便成了个大市，越发热闹。大家挑选、交换着各自心仪的货物，往往耗去大半天，至日中方散。

现在，锛已经在水井边铺开了他的石器摊子。他将

良渚古城遗址小莫角山台基

盖竹篓的鹿皮铺设在地上，正好可以分门别类地摆开他那些制作精美的石器。每一类放两三件样品，每件样品都有它的长处。以锛专业的眼光来看，或是轻巧好用，或是花纹美丽，有的还满足了些小众的需求。就拿那把大号的石镰来说吧，并不是良渚人常见的左手用具，竟是一把方便右手用的镰。细心的锛记得，大约在半年前，有两个大块头的男子，曾到过庙前的井边市场，拿着自己制的石镰爱不释手，但用右手挥了几下便灰心失望了，问他可有方便右手使用的石镰。当时锛都是按良渚人左利手的习惯制的石镰，只能向那两个男子摇摇头。自那次井边市集之后，锛回去就试制了右手用石镰，自己试用了一番，尚还满意，于是每次都会带两把右手镰去集市。谁知道，上次那两个魁梧男子，哪次又会出现在水井边呢？

贵族定制的黑陶

钟家港北区河道淤泥里发现的陶器，不但器形完整，
表皮的黑色及光泽也保存完美。

——赵晔《内敛与华丽——良渚陶器》

匜黑头土脸地从陶窑中出来时，心里却盛满了怒放的花。

他相信神灵的眼睛已然眷顾过了他的陶窑。

这一窑的陶器全都是黑亮的上品！

匜已经烧了二十年的陶窑，从没见过一整窑都烧出漂亮整齐的黑陶。匜心中一阵阵的狂喜。

这窑陶器，真不枉花费了他大半个月的时光。一件件轮制拉坯，优美的弧形混着泥水从土坯中升起，匜用竹刀在器身上轻轻一点，高速旋转的陶坯就被旋削出一圈凹弦纹。弦纹相邻处，用减地手法处理，又形成一圈凸弦纹，凹弦凸弦错落有致。

弦纹也不能滥用，多了也不好看，就该在恰到好处时施为。像这具高足苗条的豆，在腰身处均匀点几圈弦纹，既可以增加摩擦力，不致失手打破，又让陶豆显得格外

清俊。

用竹刀点弦纹时，陶坯微微的“啪”，落在匝耳中仿佛是一个个跳动的音符，让他想起春日稻田和池塘里的蛙鸣。

陶器的粗坯终于成形了。匝并不敢松懈，一个个把手、鼻耳、圈足、兽钮在手中捏得生动起来，趁着陶坯未干，得赶紧捏合上去。阴干得差不多了，匝又拿起细巧的竹刀、竹锥和竹管，在陶坯上钻、削、剔、刺一番，刻镂出一些圆形的、三角形的、亚腰形的孔。镂孔与刻纹配合着，组成种种奇异的形状。匝做完这些陶豆、陶罐、双鼻壶、三足盉、袋足鬶、鱼足鼎、圈足盆、大口尊、夹砂缸、带盖簋、宽把翘流杯等后，细细打量欣赏了一番，觉得尚对得起自己的手艺。那翘流微微上扬，如同微张的鸟嘴，嗷嗷待哺。那三足盉斜着身子，如同一只刚露头的小乌龟。

良渚文化刻符黑陶罐　其肩部及上腹部刻有亦图亦文的十二个符号　良渚博物院藏

良渚文化黑陶椭圆形盘刻符豆　良渚博物院藏

良渚文化鱼鳍形足陶鼎　良渚博物院藏

要是它真的是只小乌龟该有多好！匢正是在这一刻，想着把它们烧制成高品质黑陶的。良渚国尚黑，好的黑陶比那些粗制红陶，更可以多换到两篓稻谷。匢的幺儿子正等着娶媳妇呢。两篓稻谷可是不少。

匢于是找来鹅卵石、竹片和骨器，趁着陶坯将干未干，细细地压了一遍，陶坯里多余的泥浆在压板的挤压下，都析到表皮来，一层光润的膜包裹了陶坯。匢眯起眼看了几眼，意犹未尽，又调制了釉水，给每件器具都刷了一层陶衣。

想着要在秋日里把幺儿子的喜酒给办了，匢又动力

浙江嘉兴雀幕桥遗址出土的良渚文化黑陶鬶

十足，孜孜不倦地开始制作一批精品陶器。

匝怀着极大的虔诚，用极细级细的骨针、鱼刺，在这批陶坯上刻画细纹，有圆圈纹、螺旋纹、十字纹、三角纹、平行纹、波浪纹、鱼鳞纹、海涛纹。而让匝最用心的，则是他从来还没刻画过的——一种鸟纹与螺旋纹组合的纹饰①。

这纹样是城中王族专用，本来不得绘制在日常用具上，但这批精品陶器正是王族们早在半年前就向匝定制的，匝当时接这个活也是战战兢兢。据前来传信的氏族长所言，王族们早就在钟家港的大集上，见过进城的匝贩卖自制的黑陶，十分满意，这才起念向匝定制这批陶器。

氏族长慎重地将绘有纹样的鹿皮交付与匝，嘱他用心烧制。接过这神圣的鹿皮，匝激动得一颗心几乎要跳

①螺旋纹是良渚陶器纹样中最重要的构图元素，也是唯一与玉器纹饰相通的构图元素。由螺旋纹元素组成的鸟首蛇形纹，因与春秋战国时期的蟠螭纹相似，有学者也称之为“禽鸟蟠螭纹”。与良渚玉器以神徽为表现内容的刻纹是两种体系。见《内敛与华丽——良渚陶器》，第134—143页。

良渚文化嵌玉漆杯　良渚博物院藏

新地里 M98 墓葬东南角埋设夹砂红陶缸的祭祀坑

出胸腔，他按捺下“怦怦”乱撞的心，双手颤抖地铺开鹿皮，一边喃喃地敬祝着良渚王万寿无疆，一边细细研究。这神圣的纹样他也不知道在祝祷仪式上见过多少回，但从未敢细看，只觉得那一圈一圈的卷云螺旋仿佛要拔地而起，而神鸟腹中的大眼则熠熠生辉，闪得人无处遁形。

现在他竟要亲手把这纹样刻画到陶坯上去！

他能刻画得一丝不错吗？他瞅瞅自己这双粗糙的手，陡然升起了信心。

二十年的制陶活并不是白干的。每至集市之日，挑着他制的陶器进城贩卖的儿子们，都是满筐而去，满筐而回。去是满筐的陶器，回是满筐的稻谷。这几年，儿子们去时嫌陶器重，往往浅浅而载，回来时却不嫌稻谷沉，常常压弯了腰，笑咧了嘴。看起来，自己的陶器是挺畅销的，所值也越来越高了。他自觉工艺、火候都掌握得越来越娴熟，烧出黑陶的比例越来越高，质地也越来越佳。

烧制黑陶的关键在于要控制好窑内的燃烧程度。匝发现窑内的火不能烧得太旺，要闷着烧，烟气就熏满全窑，慢慢地陶胎就变成灰色了。这时候，往密闭的窑室顶部淋水，浓烟进一步把灰陶熏成黑陶。所以，烧成一窑黑陶，匝自己也变成了个烟黑的人。

儿子们！

匝低声呼着，六个儿子全都等在窑外，看父亲的神色，已经猜得八九不离十，不禁喜不自胜。

又是一窑成功的黑陶！

按照匝家的惯例，每一窑陶器，由大儿子负责平均分配，每个儿子种类相似，数量约等，然后分别运到卞家山、美人地、杨家墩、前山以及内城钟家港的集市上去交换。有时候，有的儿子想多换些稻谷时，会划船沿着良渚港一路往西去，到茅山那里，直接跟种水稻的农民交换，可以多得些稻谷。而那些农民们也会觉得占了便宜，因为到城里钟家港去换，他们要多耽搁半天的水路来回，耽误不少农活。

这回却不一样。

匝打算亲自进城，到钟家港交付这批定制的精品陶器。

他已经二十年没有进过城了。自从大儿子长大成人，代替他去集市交换陶器后，他就开始潜心烧陶，未曾踏进市场了。只是从大儿子的描述中，他渐渐得知，南城墙上的人家越来越稠密了，美人地的护岸竟都是用大块木料堆填而成，钟家港新建的码头十分宏伟且坚固，木栈道一直伸进河中央，可以供数十艘独木舟和竹木单筏停靠。只是因舟来筏往，人烟稠密，人们渐渐往河道填满了各种各样的废弃品，原本宽阔的河道开始变窄了。

和儿子们议定了各自所去的集市之后，匜一家就忙碌起来。儿子媳妇们一齐上阵，把陶器往各自的竹筏上装。连几个半大的小孙子、孙女也蹦跳着出来，抱几个陶罐替大人搭把手。

匜登上了大儿子的竹筏，一同去往钟家港。

那个钟家港的城内大集，跟二十年前相比，变了多少模样？他还认得出来么？

猎得的麃鹿换取日用

茅山遗址位于浙江省杭州市余杭区临平镇小林街道的上环桥村北侧。……在稻田形态上由中期小块的稻田发展为连片的大面积稻田，在布局上，为了稻作农耕的便利，良渚先民开始有意识、有规划地开挖灌溉水渠。据推算，茅山遗址良渚晚期稻田的水稻产量约为141千克。

——姬翔、宋姝、武欣

《物华天宝——良渚古环境与动植物》

茅山下的水稻已经拔高葱茏了。

赤脚站在水稻田里，黍弯下腰，想捉两条水渠中的稻鱼。撒点儿盐，放进鼎甗的箅子上，从箅下甗腹的注水孔里灌进适量的清水，把鼎甗架在火上慢慢烧煮。等听着甗腹中的水开始沸腾，撤去大火，换小火再焖一会儿，鱼香就渐渐溢出，一下子就把肚中馋虫给勾了出来。

黍并不会独自享用这美食。他要把这蒸鱼献给正怀孕的妻子荑。四五月间，旧稻快见底，新稻还遥无踪影，幸而水田中的鱼恰正肥美，剖开来还有大把的鱼卵。荑嫌鱼卵太腥，黍就只吃鱼卵，把鱼肉让给荑吃。黍想着，大半的鱼肉是不是都被荑腹中那个小生命吃去了。要知道，未怀孕时，荑的饭量只有现在的三分之一。

鱼并不那么容易捉。黍握了两只空拳，却使不上劲，狡猾的鱼总是三番五次地从他的指间溜走，还摆了摆尾巴，好似嘲笑他的狼狈。

黍的火冒上来了。他上了田埂，取了一早带来的绑着石镞的木棍，又跳下水田，弓腰伏息，瞄准正摆尾游弋在水渠中最肥大的那条。就是这条，已经几次从他手中滑走了。黍现在看准了，使力猛地一下子叉下去！

叉住了！

木棍猛烈地摇晃起来。绑石镞的绳子有些松了，黍想着下次要重新绑一下。这石镞还是很锋利。这石镞听说出自庙前一位年轻石匠之手，果然是好货。年前，黍从匜的某个儿子手上换来了十几支，数量不多，还得省着点用。黍这么想的时候，手下的木棍并没有走神，一直被黍按得牢牢的。

没多久，木棍不再有动静。黍捡了水渠里已经死去的鱼，放入囊中，准备收拾回家。

黍检查了一下田渠，见渠水清澈见底，水量不多也不少，缓缓流淌，刚好给足了水稻以滋润，便细心地堵上了水渠通往湿地大湖的口。黍生活的年头，是全新世大暖期中的一次小降温，距离上次海侵已经过去了一两千年。茅山湿地正变得水草肥美。黍当然不知道什么全新世，什么小降温，却知道这气候，并不永远温和，极端的暴雨常常说来就来。这片水田是茅山的低洼处，比外面大湖还低。倘使暴雨使大湖涨水，会把整个稻田都给淹没掉的。那他这几个月的忙碌就都落了空，全家一年的嚼谷也都没了指望。

良渚遗址复原景观

他抬眼望了望，茅山的缓坡上，正放牧着他家的几头猪。远处大湖上，几只大雁和野雉不时地起起落落。

忽然，那几头家猪似乎受了什么惊扰，一拱一拱地往坡下来。黍正要上前查看，却见一头麂鹿敏捷地跳跃着，穿过了猪群，直向黍奔来。黍来不及有所反应，本能地紧绷起全身的肌肉，把手中木棍奋力掷去。

运气实在太好了！

一击正中那头麂鹿的头脸处。正高速奔跑的麂鹿靠着惯性还往前冲了两步，很快便倒下了。

黍喜出望外，“嗬呼”了一声，往麂鹿倒下处跑去。

狩猎并非黍的本业。自从黍的祖辈们驯化野生稻种，学会耕种水稻后，每年笃定的收成已经把黍们变成了职业的农民。养一两条家狗，放牧几头家猪，耕种几亩水稻，田渠与大湖里还有各式鱼鳖可捉。绩麻成布，用骨针缝制成衣物。房前屋后，种两棵毛桃树，几垄甜瓜，夏天成熟了摘下来一咬，甜汁溅得满嘴都是。秋天还可以到山上捡拾柿子、南酸枣，男耕女织的乡间生活安稳可期。

但黍们也并未遗忘狩猎的技艺。每到农闲，氏族中也会组织去山上觅些野味。最常见的是圣水牛，麂鹿也有。这两年不多见了，鹿肉变得宝贵起来，可以抵得两头成年的大猪。

不过，猎杀一头圣水牛或是麂鹿，要五六个人一齐行动，有围有赶，声东击西，很费一番功夫。谁知今天竟有一头麂鹿自己撞到怀里来。

黍麻利地扛起麂鹿，心想，这一大头若与荑两人享用，着实太过奢侈。莫不如趁着新鲜猎得，赶紧运到良渚城中集市上，去换些日常家用的货物，细水长流方是过日子的道理。

既这么想了，黍赶紧收拾了回家，一进家门，就把鱼交给荑，再将进城换麂鹿的事与荑商量。荑也是好久没见着一整头的麂鹿了，虽说行动不便，但还是喜滋滋地绕着麂鹿转了两圈。她一边听黍激动地述说唾手而得的好运气，一边点头赞同去城中换物的计划，并开始交待家中所缺的东西，让黍一一记下。黍用去年换得的海盐给麂鹿全身薄薄抹了一层，然后找来麻绳捆绑完毕。

钟家港的大集，黍每年会去上两三回。新稻收上来，为了多换些值当的物品，黍不嫌路远，将全家一年的稻谷留出，剩下的就运到钟家港市集交换。从茅山到钟家港，走水路要半天时间，但钟家港集市上的货物品种多，全良渚的人都拿自己的好东西来钟家港交换，挑选的余地大。而且钟家港集市的抽头也少，只要象征性地交一点稻谷上去就可以。不像在茅山，氏族长对各家稻田的产量门儿清，总是抽去让人肉痛的大把稻谷，自己还不敢表示出一丝丝的不满。

从前，黍的父亲在时，黍总是跟在父亲后面逛集市。那时少年不识愁滋味，眼睛不停往那些新奇的玩意儿上瞟，胖乎乎的陶猪，活灵活现的蜥蜴泥塑，[①]还有一抽就转圈的木陀螺。黍的心愿从来没有被满足过，父亲总是说等换完家中物什再说。

这再说，就没了下文。

黍只好自己琢磨着，用捡来的小木块削成木陀螺的

①卞家山遗址曾出土大象、蜥蜴等微缩动物泥塑。见《内敛与华丽——良渚陶器》第88—90页。

卞家山遗址出土的蜥蜴泥塑

良渚文化遗址出土的木陀螺

样子，用绳子一鞭打，倒也能旋转，就是不能持久，也不够威风。

等到父亲过世，黍扛起家中重任，才深切体会到父亲的不易。他现在也开始精打细算，这份稻谷要换几件陶器，那份稻谷得换多少把石镞和石镰。唯一的一次浪漫，就是跟荑成亲前，花了好些稻谷换了一个玉管串，当作纳彩之礼。黍当时心疼了好几天，直到荑戴上玉管串，嫣然一笑时，黍才觉得什么都值了。

黍现在越发的勤勉，就为着一个简单的念头：当荑腹中的孩子长大后，跟自己逛钟家港集市时，孩子的小心愿能稍稍得到满足，而不是像幼时的自己，永远眼巴巴地失望着。

这头麃鹿真是个好兆头。

黍把麃鹿搬到竹筏上放好，抬头看了看天，若是全力划桨，顺风顺水到钟家港，正好日中，大集刚刚开始，麃鹿应该可以多换好些东西吧？他摆摆手，让荑赶紧进屋，别受了凉。

茅山遗址东区良渚文化晚期大面积稻田全景

在荑依依不舍的目光里，黍撑开水波，竹筏离了茅山，往良渚城中疾驰而去，满载着沉甸甸的希望。

良渚玉匠闲逛集市

从钟家港两岸台地的分布，以及沿岸倾倒的废弃堆积中出土的大量与制作玉器、漆木器、石器、骨角器等有关的工具、半成品、废料等推测，钟家港两岸应为手工业作坊的主要分布区。

——朱雪菲《神王之国——良渚古城遗址》

钺的祖祖辈辈都是玉工，而且是良渚城中的高级御用玉工。这意味着他跟德清中初鸣作坊里那些粗加工玉匠完全不是一个等级。钺并不需要到市集上换取生活物资，王室每月按时发放吃穿用度。钺负责玉的雕形、钻孔、琢纹工作。在玉工中，他还不算最高级的，他会琢的，只是简单的鸟纹与螺旋纹的组合纹样①。而真正的神人兽面纹，只有大巫才会琢。大巫往玉琮上琢刻神人兽面纹时，都要沐浴更衣，用帘子把自己围在里面，不许旁人偷学。

钺才懒得偷学呢。他对自己的日子已经够满意的了。

每天早上先将中初鸣等粗加工作坊运来的玉器毛坯挑拣一下，合格的留下，不合格的退回。然后按玉琮、玉冠状饰、玉钺、玉璧、玉璜、玉管、三叉形器、玉圆牌、玉镯、玉串、玉纺轮等分门别类放好后，便开始与其他玉工一起，一件件着手精加工。

①在良渚文化玉器的主题纹样中，与神徽配合施刻的鸟纹，是鸟纹形象较为多见的一种形式，主要见于玉琮、冠状饰、玉璜及三叉形器等玉器上。见《法器与王权——良渚文化玉器》，第76页。

寺墩 M3-11
三式玉琮

粗加工作坊运来的玉器只有个大致的形状，还远达不到供王族使用的标准。钺用解玉砂配合着石片、竹片，小心地锯去多余的地方，让玉器之形更为完美。有时候也会用麻绳加点水，撒上解玉砂，做一点线切割。用石管双面钻孔的玉琮孔洞往往没有对齐，就算是再打磨也去不掉这胎里的毛病了。像这样的玉琮只好给低等级的王族用了。看来，以后还是得让中初鸣的玉工单面钻孔才行，钺看着一块玉料甚佳，双面钻孔却没有完全对上的大玉琮，轻轻叹了口气。

加工完器形之后就是打磨，颇费功夫，也要格外细心。打磨完成，要用小块的燧石钻头工具进行精加工，琢一点小孔，雕上各式花纹。他会随物赋形，比如在两个界面之间的鸟纹与螺旋纹组合，鸟身居中，形成一种立体感，似欲从旋云中挣脱飞出。玉锥形器下端方柱上的龙首纹，用浅浮雕琢出，龙耳上竖，两眼在两个界面分别凸出，

浙江余杭反山遗址 M22 成串“龙首纹”玉圆牌出土情况局部放大图

瑶山 M10 头端出土的成组玉器

后面两个界面正好雕龙首后面的部分，整个看起来如同龙首轻轻俯趴在玉锥形器上一般。卷云纹、螺旋纹若在大块的平面上，简单重复则过于单调，每隔一定距离，须有所变化，构成图案内在的节奏。燧石在玉器坯料上有时用迟缓的中音刷刷划过，有时忽然尖锐起来，钺并不觉得刺耳，因为日复一日习惯了，若听不见这声音，反而会觉得空落落的不放心。

钺还会做一些高级漆器的玉镶嵌工作。这些镶玉髹漆器，先是由隔壁木作坊切割、打磨、髹漆、彩绘完毕，将完工后的漆器送来，再由玉工们选用适当的玉镶装饰。钺很喜欢做这个工作，因为可以有更大的创造性，凭自己的判断任意镶嵌，还可以让那些加工过程中的小料、碎料起死回生，变废为宝。上回他做的嵌玉髹漆翘流壶、

玉钺 玉钺为军事指挥权的象征，最早始于崧泽文化的石钺。至良渚文化时期，玉钺与玉琮、玉璧一起构成了用玉制度的核心，是显贵者阶层特定身份地位的玉质指示物。良渚文化玉钺一般有长方梯形玉钺和扁方梯形玉钺两种类型，其最高格式一般由钺身、冠饰、端饰三部分组成。

玉琮 玉琮为良渚文化首创，是良渚文化最具典型意义的器物和神圣标志。其形制一般为内圆外方的柱体，象征天圆地方，并以四角为中轴线向左右两侧的凸面上雕刻或繁或简的兽面图像。玉琮被认为是巫师祭祀用的法器，代表着神权。

玉璧 玉璧是良渚文化中出现的新生事物，为良渚文化玉器乃至中国玉器的典型代表之一，由圆圈形玉瑗或玉环沿着边宽变大、孔径变小的趋势演变而来。一般呈扁圆形，孔径绝大多数不到直径的一半，多素面，少数有鸟立柱、鸟形刻符等纹饰，是最为盛行的良渚葬器，出土时一般位于墓主人胸腹以下直至脚端的部位。玉璧一般被认为是祭天用的礼器，也有学者认为是财富的象征。

良渚文化玉器组图

玉圈足髹漆觚听说在王族中特别受欢迎，良渚王甚至爱不释手，几乎成了他饮酒的专用器具。过了一阵子，还把嵌玉髹漆翘流壶赏给了他最宠爱的王子，惹得王族里一番眼热和闹心。这些都与钺无关。

今天是休息日。

钺不必工作，他又可以去逛集市了。

这算是钺的一个业余爱好吧。一个不愁吃穿，生活物资多得用不完的单身青年男子，不正该是集市的游逛者吗？可以用吃不完的稻谷，穿不尽的布料换一些自己喜欢的东西，还能享受集市上的人气和喧嚣，不必一个人待在茅屋里孤寂发呆，在钺看来，真是再上算不过。

钟家港是贯穿良渚城南北的一条大河道。当初，良渚城开始营建，夹河而筑城墙，用附近运来的山石打底，将疏通河道的淤泥一块块用芦荻包裹，变成形制大小相类的草裹泥，来垒筑城墙。这工作，良渚人早在修建谷口高坝和平原低坝时就已娴熟。城墙越垒越高，有两三个人那么高时，钟家港两侧的河道就已经很宽了，并行两三艘大竹筏都毫无困难。钟家港的西岸李家山台地，连着莫角山和皇坟地，那是王族的宫殿与陵寝所在，护岸先用竹编细密建成，再在外面打上木桩加固，木桩都是整块的大圆木料，又结实又好看。

钟家港东岸就是钺这些玉匠、木匠的作坊和居住地了。良渚城的城墙是缓缓伸向河道的，高出河道四五米的城墙，最宽处可达百余米，最窄处也有二十余米。与后世城墙重在防卫功能不同，良渚城的四围城墙其实都是住人的台地。在河道中央高处台地上面建筑房屋居住，既可保持干燥，又得水运交通之便利。稍加规划，生活水源也可保无虞。

时间还早，钟家港既是良渚国的王城所在，大集就远非普通台地只在早上进行交换的井边小集可比。一直要等到午时左右，四方八里的人们都赶集而至，才开始热闹起来。一条条从城墙缓坡延伸至河道的木栈道两侧，一下子停满了独木舟、大小竹筏，每条船上载满了各式各样的货物，有石器、陶器、陶谷、玉料、漆器、牛、鹿、猪、雉、瓜果、麻布衣料。除了日常用度，也还有好些个新奇玩意儿。像葫芦塞了个玉嘴做酒壶、陶猪罐、玉管串饰、髹漆木盆等等。

一个人逛略有点孤单，钺想了想，一抬脚，拐了个弯，先去隔壁木作坊，想唤里面的大木作枹一同去集市。枹跟钺差不多，也是个单身男子。大木作所制多为莫角山宫殿用的大梁等器，故亦不愁吃穿，消费水平也跟钺仿佛，因此两人常常结伴逛集市。枹却不在屋中，邻居告诉钺，枹今天起了个绝早，一大早就不知往哪里去了。

钺有些失落，一边移步钟家港，顺着河道往东南处的大集踱去，一边心里想：

枹这是上哪里去了呢？

钟家港大集上的救火队

（池中寺）炭化稻谷遗址颗粒饱满，不和一般陶片、猪骨等一般生活垃圾混，推测是大量集中堆放稻谷的场所——谷仓失火后形成的……西侧的水城被各高地包围，仅在南侧有一个甬道通向南侧干河良渚港，这样既保证了安全，粮食又可以通过水路运输而来。

——王宁远《何以良渚》

一个时辰之前。

荀山下庙前水井边，锛终于等到了那个身材高大的男子。

这次他是一个人过来的。

枹明显比锛氏族中的人高一个头。枹还在远处时，锛就看见他了。

枹今天很早就醒来了。因为睡不着，忽然想起半年前，曾和钺一起逛到庙前市井，遇到的那个制石器的少年人。那少年比自己和钺要年轻五六岁，眉眼才刚长开，但却十分机灵。枹和钺都是匠人，一眼就看出少年所制石器都是精品。他们挑选了一些，用随身携带的玉管交换。

少年收玉管时颇有些勉强，大概那不是生活必需品。以物易物，就是有这麻烦，你换的并不是他要的。好在玉器在良渚盛行，铈可以拿玉管再到别人那里换稻谷之类，就是又麻烦了一层。

可惜的是，那石镰都是左利手的，枹和钺都不合用。良渚人大多是左利手，枹和钺世代匠人，也许是偶然的基因变异，又或是长期的劳作所致，他们渐渐发现右手更方便。别的工具倒不太影响，唯独这石镰是有方向的，要找一把右手用的石镰还真成了个难题。当枹和钺遗憾地放下石镰时，那少年却信誓旦旦地让他们下回来，一定奉上制好的右手镰。只不过回去之后，恰逢反山王陵修建，枹和钺都有大批的活计要赶，结果一忙就过去了半年。

这么一想起，枹来了兴致，估摸着钺这时一定还在呼呼大睡，枹就自己一个人出发了。枹知道，这种氏族内部的集市，一般也就早上开放。大家趁着早上汲水的机会，聚集在一起，交流互换物品。汲水完毕，太阳升高了，人群也就散了。乡间氏族也谈不上什么休息，都是日日劳作，左右都是耕作自己的田地，都是干自己的活儿。

枹本想叫艘独木舟去，谁承想，习惯了休息日的城中人都起得晚，在南水城门等了一会儿没见有船来，枹干脆一折身，从陆城门出城，走旱路去往庙前。

枹的个子高，脚步也跨得大。平常人需一个时辰的路，枹大半个时辰就赶到了。太阳才刚升到东南角的山隅。

那少年果然在！

梎穿过人群，直向锛走去。见到制作精良的石器，梎涌起一股惺惺相惜的感觉。他看见锛的眼睛也闪闪发亮，微笑着将两把右手镰拿给自己。

梎挥了两下，十分合用。他也用微笑回报着锛。

少年人，你跟我去良渚城吧，这么好的手艺，埋没在乡间太可惜了！

梎脱口而出。

良渚城？

锛喃喃地重复了一下。

———

钺见到一群人围着一条船疯抢着什么。

挤得水泄不通，后面的人拼命往前挤，而前面的人又挤不出来。人人满头是汗，袖口捋卷得老高，双臂使劲想拨开人群。

终于有人从里面挤出来了。双手抱着一个硕大的陶罐。

上好的黑陶！沁色锃亮，温润可喜。

只是，那么大的陶罐也太笨重了吧。拿它泡咸菜？

钺摇了摇头，暗暗哂笑。

市集官赶过来，挥起了鞭子。人群被驱散开了，一个个规规矩矩地排起长队，手中各自提携着用来交换黑陶的物品，最常见的就是稻谷、麻布、石器和玉器。交换的人群有了秩序之后反而快了许多。小半个时辰过去，匜家的一船黑陶已经被抢购得差不多了。匜的大儿子笑得合不拢嘴，在那儿点数换得的稻谷等物，好像又比上一次多了许多。

匜心里却悬着，那些即将送进莫角山宫殿的定制陶器能否顺利通过有司的验收？自己打起十二万分的精神，全力雕刻的鸟纹与螺旋纹组合的纹样，有没有出错？能不能让良渚王满意？

———

黍的竹筏刚靠拢钟家港的堤岸，就被一位穿着华丽的贵族拦住了。

黍几乎不敢仰望他。那个贵族头上戴着羽冠，四个

良渚文化玉鼓形大珠　良渚博物院藏

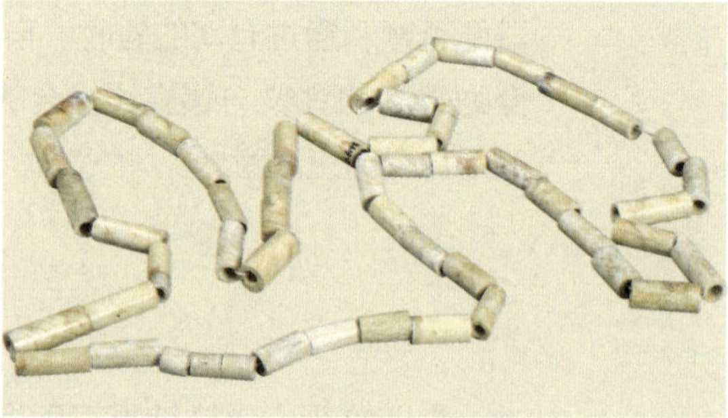

上：反山M22：8良渚文化璜形器上的神人兽面像
下：良渚文化玉管串饰

半圆的玉片镶嵌在一根宽布条上，松松地在额头扎了一圈。前髻是一组玉锥管，后髻插着一把玉冠梳，发下还缀着一个玉珠。胸前挂着一大串各式玉管、玉珠连缀起来的挂饰，直垂到腹上的玉带钩上。

黍从没见过一个人可以戴那么多玉器！

晃得人睁不开眼来。

那人被黍的那头麂鹿吸引住了。他俯下身，仔细抚摸，又嗅了嗅味道。

真是新鲜。

他把胸前的玉串摘了下来，放在黍手中，指了指那头鹿。

黍捧着玉串呆住了。

他以为黍嫌少，又将镶着玉片的头巾解下，放入黍手中。

黍有些错愕了，忙躬着腰，打着拱，连连点头。

那贵族就示意黍跟他走，让黍把麂鹿扛回家。

——

从皇坟地的堤道进入莫角山时，黍和匜擦肩而过。

匜已经交付了他的那批黑陶，有司十分满意。匜压

莫角山遗址

抑着喜悦，带着赏赐的财货出宫。

黍却没有料到，送麂鹿会一直送进宫殿。

虽然每年都会来钟家港集市，但这跟钟家港一河之隔的宫殿却一直只是远观，从未进入。

黍的高祖父曾参加过莫角山宫殿的营建。宫殿落成之时，也参加过沙地广场上的大阅仪式，跟上万名亦工亦兵的良渚国人，一起跪下，呼良渚王的名号，拜无所不灵的神。有赖神的保佑，谷口高坝截住山洪，蓄住水能，缓缓流入平原低坝，再汇入良渚城墙外的河道，穿过东南西北分布的八道水城门，与城内一纵一横两条河道交汇。几十年的风调雨顺，良渚人的智慧与力气，终于使整个王国物资丰盈，不愁生计。日久承平而无兵患，大阅仪式有年头不再举行了。以至于黍年年赶钟家港的大集，往西可以望见莫角山的宫殿在高处隐约巍峨，却从未有缘得见其真面目，更别说亲身进入了。

黍最熟稔的就是钟家港。良渚城内贯穿南北的纵向河道就是钟家港，河道东岸是手工艺匠人聚集的场所，也是整个良渚国大集市的所在。倘若北上太湖，与大平原上那些部族交换，语言、习惯、文化的差异，可能导致潜在的冲突和风险。何况水路迢迢，货物能否平安到达部族边境的市集也是一个令人头疼的问题。既然良渚王国已经建立起一个统一的神权、王权统治，在良渚王的境内，安全平等的交易已可以得到大幅的保障，四周的良渚人更愿意到良渚王城来交换他们的物品。每到日中，城周围氏族中人纷纷带着自家富余的物品，赶到钟家港进行交换贸易。甚至还有些外邦部族的人，也会来到良渚城中，加入这场大交换。他们将良渚的玉琮奉若至宝，携带回自己的部族，祈望玉琮的神灵也可以给自己的部族带来繁荣昌盛。

正是在这大交换中，渐渐形成了地方特产的概念。如茅山的水稻颗粒饱满，润泽而有弹性；中初鸣的玉作坊玉料上佳，毛坯器形也不坏；文家山的黑陶质地清脆，颇具匠心，而石器却不如荀山庙前的称手好用。日中为市，声音鼎沸，夸耀自家货物的声音，讨价还价的声音，摇橹划水的声音，炊饭呼儿的声音，汇集成一曲市集交响乐，在河道上久久飘荡不散。黍是多么熟悉这些喧闹的市声。

而一走进皇坟地的堤道，仿佛进入另一个世界，静谧、安宁、隐秘，把钟家港喧闹的市声一下挡在了外面。右侧是一个大塘，水格外清澈，左侧是一个一个的大屋，比寻常住人的房屋要低矮许多，黍搞不太清楚究竟是做什么用的。见那贵族已经走在前面了，黍不再东张西望，赶紧加快脚步，免得落下。

河堤的一艘独木舟上，一个乡下妇人正在炊饭。她笨手笨脚的，把柴木架得太密，火烧不起来，反冒出好浓的烟。她的丈夫怒气冲冲地朝她大呼小叫着，她又急忙忙抽走了两根柴棒，火焰这才顺利地燃烧起来。在这过程中，不提防有好些个火苗溅到了隔壁匜家的大竹筏上。其中有两星火苗，不偏不倚，正好掉进了匜即将送进宫的敞口黑陶罐里。为了防震，陶器里外都垫了不少稻草，火苗的生命在稻草间缓缓地延续。因为落在陶罐里面，一时间竟没人发觉。

当这些黑陶安置入池中寺的仓库中后，仓门在吱呀声中关闭了。久未流通的仓库，氧气并不充分，火苗的续燃若有若无，但渐渐终于窜出了罐口。其时，匜和有

钟家港古河道

司正忙于交接的程序，都没有关注到这些。等陶罐仓库里的火绵延烧到隔壁粮仓时，满仓干燥的稻谷成了绝好的助燃剂，借着风力“呼”的一声，猛地掀起了冲天大火，照红了西侧的天空！

钟家港集市上的人们还没反应过来，还在诧异着西天的斜阳怎么这么早就来临，却闻到了大火烤焦一切的味道。

“救火啊！”一声大喊让许多人迅速行动起来。身手敏捷的男子往池中寺方向奔跑，妇人们搂拢孩子，不让他们乱窜。

钺冲在人群的最前头。作为御用的玉工，他熟悉皇坟地与池中寺的路径，指挥着集市上众人从池中寺右边的蓄水大塘中舀水泼救。

黍到这个时候才知道，那些低矮的屋子，原来都是粮仓，粮仓里面堆满了稻谷！把他们家二十年所有的收成都加起来，也抵不到这粮仓的十分之一。见到这么多的稻谷在火焰下化为灰烬，黍是说不出地心疼。他也跟大家一样，拼命地舀水，只可惜火势太猛，一陶罐水浇上去，不见半点效果。

先前跟黍在一起的贵族，此时也灰头土脸，跟大家一样慌乱。

枹和锛刚进南城门，就被钟家港的乱象惊住了。闹明白发生了什么后，枹和锛也加入了救火的人群。

良渚遗址出土的炭化稻谷种子

匝和大儿子也在救火的人群中，手忙脚乱地舀水。

莫角山宫殿内也跑出来百来号人，个个身强力壮。领头的那位已经年长，须发花白，头上也戴着羽冠，身上的玉饰比跟黍在一起的年轻贵族还要多些。

黍发现两人长得有点相像。

年长的那位气度非凡，他一出来，自然形成一个中心。他指挥跟着的人分散成几队，组织集市上赶来的百姓跟着排列成阵，从蓄水大塘到池中寺就被人群圈围起来，人们一个接一个地传递着水罐，圈拢起来的人一起泼水。终于，火势得到了控制，开始一圈圈地缩小。

人们的努力终于没有白费，一个时辰之后，池中寺的大火熄灭了。只是那满仓满仓的稻谷，都变成了令人沮丧的黑炭粒，再没法吃了。

年长的领头者抓起一把黑炭稻谷，脸色哀戚，突然跪下，两臂伸向天空，口中喃喃念着祷词。

他身边的那些人，还有那个年轻贵族也赶紧跟着跪下了。

桕认出了良渚王和他的王子，忙拉着锛一起跪下。

钺、匜、黍都在人群中，众人一圈一圈地跪下了。

幸好逢着休息日的大集，救火的人多，终于抗住了大火！钺这么想，只是他又何曾料到，这火灾恰恰源自这大集市的疏忽与忙乱呢？

良渚王的祷词越念越响，众人跟在后面一齐祝祷，声音回荡在池中寺的大水塘上，飘向钟家港的河道上空，刚才留在集市上的妇孺老弱也加入了虔诚的祷告。

祈祷这无妄之灾再莫来袭，祈祷钟家港的大集一直保有这热闹，延续这喧嚣！

参考文献：

浙江省文物考古研究所：《庙前》，文物出版社，2005年。

浙江省文物考古研究所：《文家山》，文物出版社，2011年。

浙江省文物考古研究所：《卞家山》，文物出版社，2014年。

浙江省文物考古研究所等：《权力与信仰——良渚遗址群考古特展》，文物出版社，2015年。

陈明辉：《良渚时代的中国与世界》，浙江大学出版社，2019年。

刘斌：《法器与王权——良渚文化玉器》，浙江大学出版社，2019年。

朱雪菲：《神王之国——良渚古城遗址》，浙江大学出版社，2019年。

赵晔：《内敛与华丽——良渚陶器》，浙江大学出版社，2019年。

姬翔、王宁远、董传万、罗以达：《工程与工具——良渚石记》，浙江大学出版社，2019年。

王宁远：《何以良渚》，浙江大学出版社，2019年。

姬翔、宋姝、武欣：《物华天宝——良渚古环境与动植物》，浙江大学出版社，2019年。

李文杰：《中国古代制陶工艺研究》，科学出版社，1996年。

第二章

水上的风险与财富

从秦至汉，杭州城一方面缓慢积累人口，一方面治所从山中走出，移至靠江沿湖的平原地带，城内的集市也随之逐渐繁荣。然而，市面的繁荣，须有清明的政治、强有力的治安方能维持。东汉末年，兵荒马乱的年头，一个少年英雄便靠着缉盗靖市，声名鹊起。而他的后人建立的东吴政权，也始终保境安民，重视发展商业，在三国分立中占得一席之地。故事要从钱塘江畔的行商坐贾们说起。

钱唐集市的商船被海盗截和

吴兴无秋，会稽丰登，商旅往来，倍多常岁。西陵牛埭税，官格日三千五百，如臣所见，日可增倍。并浦阳南北津、柳浦四埭，乞为官领摄一年，格外可长四百许万。

——〔宋〕司马光《资治通鉴·齐纪二》

八月既望，钱塘江的潮水涨起来了。从海湾葫芦口卷起的雪浪花咬逐着艑舸的桨橹，呼呼地直冲向岸。船工紧紧地把住船尾大舵，另外几个人用缆绳调整了卢头木牖上那四面有丈余长的蒲帆，聚拢风力又让风从两侧稳稳地过去，使船速不至太急而撞着了礁石。

船主人陆暹在过这片急滩时，头上冒出一层细密的汗，身上的白衣已经湿了。他在心中念了无数神祇的名字，从城隍到潮神，从吴太伯到伍子胥，个个都祷告过了。如今见安然无事地过了浪急处，而船上的纱绢与苎布一丝都没打湿，这才把悬到嗓子眼里的那颗心放回原处，并暗自庆幸去岁花大价钱从豫章郡订购的这批艑舸和特地从始安郡雇得的老成船工，果然可靠。这批丹徒的纱绢和毗陵布可是市面上的紧俏商品，转手到余杭县，至少可翻上两番。要知道，一端上品毗陵布可卖五百文，这一船的绢布加起来，可以赚足他们家族半年的花销。

陆家大舸在钱塘江船队中算是一条大船了。跟在其后的，还有十余艘载重两三百斛的小艇与轻舠，各自装满了同样要去余杭市上贩卖的吴镜、青瓷、会稽凝光纸、庐江铁器、丹阳铜器等，也有楠、梓、姜、桂、金、锡、丹砂、犀、珠玑等宝货，更多的则是须臾不可或缺的海盐与粟米等。比陆家大舸大的船也还有四五艘，如王家的斥候，朱家的楼船，都可载五百斛以上的货物，有的还带船上厢屋。

头舸过去，其他的船便好紧随其后，也都有惊无险地过了固陵险滩。那些小艇轻舠，都是些散商集的股，这家凑两百文，那家凑五百文，会约了贩卖，又雇了舨吏，加入船队。实指望出趟船，可以获利两三分，倘那货物有了闪失，可是连身家性命都会搭上。如今见商船队顺利跟着头舸过了险处，匏里在望，余杭就在不远处了，纷纷额手称庆。陆暹心中暗道了声侥幸，便吩咐船工准备落帆收柂，将船首的石矴取出，即将要下碇锚岸了。

〔宋〕李嵩《钱塘观潮图》（局部）

斜地里却插过一艘艨艟来，无比霸道地拦住陆暹的头舸。

这艘艨艟用生牛皮蒙船覆背，两边厢开了棹孔，二十余支棹在水中划拨，却不见人影；左右两面还各开了十余个窗口，有弩弓和长矛从那黑洞洞的窗口里透出来，阴森可怖。

又有两艘坚固的冒突，横冲直撞地夹在了陆家大舸的左右，往大舸上示威似的狠狠碰了两下，大舸立时摇晃起来。

这是哪里的水师？为何好端端地拦住了商船的去路？船工一时不知所措，齐齐望向船东。陆暹定了定心神，抖擞着站到船头，欲要相询，只听得拦头的艨艟里发出一声大喝：

“船家莫要惊慌！俺们胡家军是也！如今频岁失稔，度日艰难。有钱人家的粱肉腐败了都吃不完，路上却三天两头见到倒毙的饿殍。兄弟们都得混口饭吃，这舸上的货物已被胡家军征收了！识相的都给我蹲下别动，我们兄弟这就上船，搬完了货物放你们平安回去。倘有哪个不服的，可以试试胡家军弩矛的厉害！”

陆暹听罢，如同被一盆凉水从头浇至脚。

出门之前，他也曾犹豫过，就连他夫人也曾尝试劝陆暹打消行程。他不是不知道，如今市面上并不太平，那些被逼急了的穷人们个个蠢蠢欲动，拉扯些人马，拼凑着买些兵器，便是一条队伍。心野些的，渐渐积蓄势力，想割据一方；不济些的，也可劫掠些财物，混个十天半月的肚饱再说。出门行商的日子不好过，商税既重，风浪又险，但在家坐吃山空也没个计较。望着刚刚出生的女儿，想到家中许多用钱之处，陆遢又把打消的念头重燃。加上族中兄弟、乡里父老也都指望跟着陆遢贩卖商货，挣钱谋生，他陆遢不走这趟货，倒还支撑得下去，可怜那些寅吃卯粮的父老，待在家里就只能等着饿死。只有勉强冒险上路，长途贩运货物，经营些利息，才是道理。陆遢面对父老那一双双热切的眼睛，不得不使劲点了点头。

他已是十分小心，花重金订购了豫章郡的大舸，又雇来熟练的水手，心想谨慎总无大错。谁知逃得过钱塘江上的险浪急风，却逃不过海盗的人祸！

还胡家军呢！也不知从哪里劫来了些战船和弩矛，两三条船就敢称自己是胡家军！陆遢心中冷笑着，但自己这方却是手无寸铁，竟没有壮丁兵械可以倚之一搏。还是疏忽了！想到雇老成的水手，竟没有雇护卫的乡丁！只是，自己不过是一个普通的白衣商人，不应该是由大汉的军队平靖地方，护卫商贾平民的安全吗？自己每年缴了那么多的商税，供养郡县官府，为什么这个时候，没有官府的尉兵来护佑自己，却任由这草台班子胡家军在水面横行？

陆遢心中转过那么多念头，却仍无计可施。那些老成的水手，只是自己雇来行船的，又怎么能让人家去跟海盗拼命？算了，钱财乃身外之物，就当这趟全亏了吧，回去再与会约的股东父兄们细细算账，大不了把前两年的赚头全都赔出去，先保住命要紧。于是，他转过头，向船工们示意，忍住心中滴血，带头艰难地蹲下。

领头的海盗名叫胡玉，原是草市的一个无赖。城郊的草市是左近乡人们贩卖鱼盐米粟鲜果的地方，东西本不甚值钱，每天进出的货量却是极大，又是人人不可或缺的食物日用。这地方本有草市尉管辖，胡玉却纠集了十余个小喽啰，每日请那草市尉在钱塘江边的酒楼里喝酒，把尉卒灌得昏天黑地，然后一顿猛拍，说您老整天在草市巡逻，风吹雨打地，多辛苦啊。不如交给我这几个小兄弟，平靖市面，看管货物，征收市税，让他们跑腿去。您老啊，就每月待在家中，坐等小兄弟们把市税交上来，做个清闲富家翁！那市尉先还不敢，架不住胡玉日日拍马，又买了名叫花红的小妓贴身伺候，天天在枕边吹风，终于答应了。那市尉开始还有些提心吊胆，后来每月收到胡玉分文不少的市税，还有更高额的好处费，从此便把草市一股脑儿包给了胡玉。自是，胡玉领着手下兄弟们在草市上横行无忌，敲诈勒索来往商贩。没两年，把个原本繁荣的城郊草市弄得萧条不堪，再无人敢去市卖。

胡玉见生计日绌，就连抢带夺地搜罗了三条破旧的战船，稍加整饰，又盗得府尉的两把劲弩，十余条长矛和瓜刀，扯了一支所谓的胡家军，在钱塘江上打家劫舍为业。来往的商船多没有准备，被他的艨艟冒突一撞，就慌了手脚，也都保命不保货，让胡玉他们往往吃赚个饱。胡玉见这没本钱的买卖比原先草市的生意更好，便越发肆无忌惮起来。

他在舱中见舸上人俱已蹲下，便呼喝着手下持了长矛、瓜刀，跳帮来劫船。

少年孙坚只身追回货物

（孙坚）年十七，与父共载船至钱唐，会海贼胡玉等从匏里上掠取贾人财物，方于岸上分之，行旅皆住，船不敢进。坚谓父曰：“此贼可击，请讨之。”父曰：“非尔所图也。”坚行操刀上岸，以手东西指麾，若分部人兵以罗遮贼状。贼望见，以为官兵捕之，即委财物散走。坚追，斩得一级以还；父大惊。由是显闻，府召署假尉。

——〔晋〕陈寿《三国志·吴书·孙破虏讨逆传第一》

陆遹是个白面书生，几曾见过这番场面。

十几个黑面大汉，彪悍魁梧，个个蒙着面，手里的长矛尖戳点着众人，瓜刀明晃晃耀得人睁不开眼。打头的是个身长九尺的壮汉，肚皮上的肉都从短襟下突晃出来，一脚踩下去，大舸都颤巍巍地摇晃起来。

那壮汉指挥着手下将舸上的纱帛往自己三艘船上搬。众人见东家都先怂了，哪里再有反抗，便乖乖蹲着，任由海盗们处置货物。

船工们可以事不关己，陆遹却看得眼里血都要流出来。

这些货物采买可是花了不少心血啊。他一寸寸摸过纱绢的质地，都没寻出半点瑕疵来。又怕商家只在样品布上下功夫，从邸店搬货时，更是一匹匹抽检过，端的是细腻贴肤，色泽匀亮，都是定能大卖的上品。谁知如今竟便宜了这伙草寇！

陆家大舸四百斛的货物，把海盗三艘船压得满满沉沉的，好一笔生意！货既装讫，胡玉打了个唿哨，众盗便离舸跳上自家战船，只留下大舸一地狼藉。胡玉的艨艟和冒突皆是快船，船速既快，转圜又便捷，一眨眼，就没入了钱塘江的茫茫水面，望不见了。

海盗们上了陆家大舸时，紧随在舸后的四五艘小艇早就发现了异常，立时掉头停橹，逡巡不前。再后面的船赶上来时，人皆在舱面上互相询问，不多会儿，整个船队都得知了陆家大舸被打劫的消息。众人遥遥望见那漆色尚新，刚下水没多久的大舸，被三艘战船围住，有种被打蒙了的感觉，善良而手无寸铁的人们，只能默默替陆家祈祷，只要人不出事就好。

然而后艇逐着前舸，更有楼船与斥候的大船俱都到了，一时间竟塞住了钱塘江的葫芦口，风帆尽落，桨橹齐停，都逡巡不前。

待得那胡玉的船散了，众船才缓缓开动，向陆家大舸驶去。一时间商贾们的白衣飘飘，像极了无数在绝望中翕张着的空洞惨脸。

船队接应着了陆暹，陆暹掩面而泣。亦有海商商量着是否报官，几个年长者连连摇头，俗话说，衙门八字朝南开，有理无钱莫进来，只要一报官，先得向县令、县尉等人孝敬银子，得喂饱了官兵才愿意出动。大家刚

蒙冲（艨艟） 引自《武经总要》

走舸 引自《武经总要》

刚损失了大笔的财物，还能拿得出这笔钱来？更何况，县里那几十个老弱病残的兵，能敌得过凶狠的海盗？就算是报官了，追回货物的可能性也不大。大家一筹莫展，除了几句“人没事就好”的安慰之外，再无甚可说，庞大的船队突然变得无声无息，慢慢地向岸边拢去。

海盗们却没有离去。

陆暹的随身小厮已是惊弓之鸟，他眼尖望见了海盗的三艘船泊在了浦口，船上货物已空。再往陆上看，竟见那十几个强人，正在坐地分赃。

原来那胡玉等人着实猖狂，竟等不及回到老巢，半道上就开始吵着分钱分货。这船纱绢俱是上品，按市价可售得不少，但若一起售了再分钱，谁能监督过手的人不中饱私囊？这里面的门道他们可是个个都精，还不如直接分了货物，各自出售，各自得钱快活。胡玉拗不过大伙，又根本不把官府尉兵放在眼里，上了岸便堂而皇之地开始分货。

船队再不敢往前了。

船队中一艘小艇上，一对卖瓜的父子却闹腾起来。

那父亲朴实忠厚，发上系着块褐色绡头。那儿子大约十六七岁年纪，还未加冠，只把头发梳拢，拿一条绛带系扎了。少年倒是长得高大，比他爹爹还要高出半个头来。此时，那少年脸涨得通红，手里握着柄护身的腰刀，与父亲争执着什么。

同船上的人识得，那是富春县孙氏父子，父亲叫孙钟，儿子单名一个坚字。孙钟在富春县东山上种得一片瓜田，侍奉寡母十分孝顺，最是老实本分，又肯施善于人。听说有一日，曾有两僧一道，来至孙钟的瓜田，向孙钟讨瓜吃。孙钟口讷，既不好意思向他们索价，又不敢问他们要吃几个，竟一任三人在瓜田敞开肚皮吃了二十余个，一句话都没说。

那僧道吃饱了瓜，笑指着山下，让孙钟往山下走出百步再回头，若望见他们不在了，就即葬于此处，后世子孙当为王侯，贵不可言。孙钟只当是个笑话，往山下走了三十步便回头，却见瓜田中三人已渺无踪迹，心下便有些疑惑了。待他回家时，他娘子却生了个大胖儿子，那便是孙坚。

他边哄着儿子，边把那三人吃瓜的事当笑话说与产后的娘子听了。娘子却又说了件奇事，她在产前，梦见自己腹中的肠子节节吐出，越长越长，竟把整个阊门都盘绕起来了。梦醒了她觉着可怖，便说与婆婆听，婆婆却说，恐怕是个吉兆，随即孙坚便出生了。孙钟因有这两件异事，便出力供儿子读书习武，如今这孙坚长到十七岁，已经孔武有力，更习得一身本事，最可敬的还是其品性纯良，懂得忠孝的道理。

孙坚从小跟着父亲贩瓜，深知做生意的艰辛，最见不得人白吃白拿。加上他年少气盛，见强盗如此嚣张，又看众人都畏缩不前，不免想要显一显英雄本领。他对父亲言道：“这贼人我可以击得。”

老实的孙钟怎肯放心，忙道：“咄，你还是个孩子，缉盗岂是你的事？”

孙坚再三坚持，请求父亲放他一试，孙钟却坚持不允，说：“你一人双拳，如何敌得过那许多强人？”

船上诸人见这孩子有股子勇劲韧劲，也有几个被激起了些血气，但见岸上海盗个个人高马大，毕竟不敢造次。

孙坚却按捺不住了。他趁人不备，夺过橹桨，一口气划近了钱塘江岸，还没等船上人反应过来，一跃身已跳上了岸。

孙钟再想拦时却已是拦不住，直在艇上跺脚不止。船上人敬这少年勇猛，都来劝孙钟放宽心，且看孙坚的本事再说。

孙钟哪里放心得下？

孙坚却不是一味逞勇。他自知寡不能敌众，便持刀在手，一上岸就拢着手在口边，大声呼喝：“李佐史，你们围住东面！赵刺奸，你们从西边包抄！韩市帅，你们从南面全围，莫叫放走贼人一个！”喝毕，将朴刀往前一指，作势扑向海盗。

胡玉听得孙坚的言语，大惊失色，这官兵怎会这么快就前来围剿？又见面前这位少年英雄不比自己矮多少，身手更是矫健无比，一看便是个练家子。海盗酒气食色惯了，只是身架子唬人，欺负些良善百姓，真要遇上官兵，哪里抵挡得过？胡玉是个老滑头了，他只想着轻松发财，怎会真个拼命？

“快走！”胡玉慌忙喊了一声，兀自领着手下逃窜。众盗见头领都走了，赶紧扔下货物，抱头鼠窜，有个腿脚慢的，被孙坚追上，一刀便砍下头颅。其余的海盗见孙坚如此英勇，更加一溜烟跑得无影无踪，剩了那堆绢帛委在地上，无人收拾。

孙坚提起那海盗头颅，一路滴着血走回岸边，举起头颅向小艇夸示。孙钟大惊，小艇上众人都纷纷赞扬这少年，陆暹和其余船只此刻也都围拢过来，个个指点着孙坚：就是那个少年，独自一人赶跑了一伙海盗！太了不得了！

陆暹断没有想到这绢帛竟会失而复得，真是感激涕零，一面命小厮与船工去点数并搬运货物上船，一面向孙钟父子连连道谢，更向孙坚深深一揖。孙钟忙扶住陆暹，说：他是个少年人，当不起如此大礼。

陆暹却道：当得！当然当得！

海盗欺行霸市

肆，所以陈货鬻之物也，店所以置货鬻之物也。肆陈也，店置也。

——〔晋〕崔豹《古今注·都邑第二》

近检校山阴市，多不如法，或店肆错乱，或商估没漏，假冒豪强之名，拥护贸易之利，凌践平弱之人，专固要害之处。

——〔晋〕王彪之《整市教》

一个十七岁的少年，竟然只身赶跑一群海盗，还取了一个海盗的首级！

这件事很快轰动了整个余杭县城，连吴郡太守也闻知了，差人请孙坚来府中叙谈。早在汉顺帝永建四年（129），因吴郡人口繁茂，阳羡人周嘉上书朝廷，以县远，赴会至难，求得分置，遂以浙江以西为吴郡，以东为会稽郡，吴会由此分置。其时钱唐县未复，依旧归属余杭县，与富春县一样，同是吴郡辖区。太守见治下有如此少年英雄，着实欢喜，当堂便任命孙坚为假尉，带领府兵平靖地方，守护百姓。十七岁的孙坚从此开始了他的仕途。

孙钟做梦也没有想到，儿子真有飞黄腾达的一天。如今虽只是代理的假尉，可孙坚才十七岁，很快就会去掉“假”，说不定真能做到将军呢！孙钟高兴得连做梦都要笑出声来，可他却不知，儿子孙坚面临的考验马上就到来了。

逃跑的那个海盗胡玉，后来听说是一个少年孤身一人击败了他们数十人，且用他们兄弟的首级换得了假尉的职衔，觉得又丢脸，又后悔。这事传出去，手下那些个泼皮无赖都纷纷作鸟兽散，胡家军就此偃旗息鼓，胡玉已无法在海上立足，只得又回草市厮混。

这一日，胡玉的心腹赶来商议，说是钱唐虽撤，县治和都尉府一直未复，钱唐市却越来越繁荣。如今不但寻常大宗的米帛鱼盐出入量极大，而且有金银、珠玉、木材等高级货物，市值不菲，沿河邸店都开了近百间之多，远非城郊草市可比。钱唐离余杭县治又隔得远，县尉更不可能常来巡视。海上打劫本就风险大，不如干回老营生，到钱唐继续欺行霸市，提取抽头，垄断度衡，大小斗出入，不知有多少出息呢。

胡玉有些心动，与那心腹细细密议了一番，思量着还是要亲身去打探一番，才知可行与否。

第二天，胡玉屏退其他人等，只带着那心腹前往钱唐市。为怕有人认出，他俩打扮了一番，各戴了顶宽檐的斗笠，压低了半遮住额面，换了寻常农商的麻葛短衣，袖中暗藏了一柄尖刀，就向钱唐市彳亍而来。

钱唐市果然名不虚传！如今的钱唐市，已从灵隐山麓走出，移至了凤凰山下，依柳浦桥头一字排开。只见河渠迤逦，沿河密密匝匝，俱是各式邸店，供行商们歇脚并存放货物。桥侧更有冶作、酒坊、陶作、木作、染坊、裁衣铺等各式手工作坊，将自家作坊的成品列肆而陈。胡玉看得眼都花了，只见铁器有镢、锸、耙、镰、犁、锄、斧、锛、凿、锤、削，兵器有刀、矛、剑、钩、环、钉，铜器有鼎、盘、匙、釜、钟、长颈壶、钫、锥、洗、盆、匜、带钩炉、熏炉、灯、熨斗、铜印，还有名闻遐迩的侯氏镜，精巧异常。其中一面铜镜，里里外外、大大小小铸了十几重环带，每重环带的花纹各自不同，卷云纹、饕餮纹、海蝠纹等不一而足，中间一层里还雕了七朵四瓣花乳，端的是富丽堂皇，贵不可言。这面“侯氏七乳环带禽兽纹镜”，被郑重地挂在镜肆正中间，竟成了铜肆的招牌。

汉七乳禽兽纹铜镜
浙江省博物馆藏

汉长乐未央铜镜
浙江省博物馆藏

肆中其余铜镜则分别刻着“买者富贵”“宜古市”“贾人大富兮”等铭文，都是讨买者喜的吉祥话。

铜肆过去是布肆，摆满了丝织、麻织、刺绣等。如今吴郡已有一年八蚕，所出绫纱罗葛，海内称道，被列为贡品。越布不但织得细密，更兼织出繁多的花样，有绫纱罗，白编绫、交梭绫、吴绫、越绫、十样花纹绫等等。鞋肆里的草鞋，竟细巧得不像蒲鞋，有在两侧编花的，取个步步生花的意思；还有杂以金银丝线编出鸟雀小兽的，人若穿着走路，那鸟雀小兽也跟着动，一时蔚为风行。木作中的家具，伞坊中的晴雨伞，还有酿酒的，制糖的，做豆腐的，贩葱的，还有脚力店出雇短工，近水的酒楼可进去吃酒。

贩卖青瓷的瓷肆，碗叠着盘儿，盏依着钵儿，盆罐相接，有耳杯、钟、洗、瓿、罍、坛、砚、壶、锥斗、唾盂等器具，竟是只有你想不到的，没有你见不着的。青瓷质地细腻致密，釉色淡青如水，色调浑然一体。店家见胡玉两人瞩目，忙过来招徕介绍，说如今上虞、余姚一带出产的青瓷，均用快轮拉坯成型，客官您看这器形匀称齐整，妙不可言，并在龙窑之中以一千多度的高温烧制，青釉包您终身不褪，小人肆中的上品已价若黄金……

尽管那店主说得天花乱坠，可胡玉哪有心思听，只听到价若黄金时，才眼前一亮，便问哪几件是上品。卖主指向肆中央货架上几件用红绸罩着的青瓷，轻手轻脚揭开角让胡玉观赏。一件是青釉斜方格纹罍，一件虾青色的四系罐，一件青瓷飞鸟楼阁罐，罐上堆塑着飞鸟虫鱼各式动物及建筑模型，真是见所未见，闻所未闻。

胡玉按捺不住，把大手揸开，向店家喝道：“拿来！”

汉越窑青瓷四系罐　浙江省博物馆藏

店家有些错愕，问：“什么？”

胡玉不耐烦了，斗笠下眼睛睁圆，凶声道：“就那几件红绸罩着的，拿来！”

店家这才发现面前这位不是善茬，便小心翼翼地问：“这几件可是价值上万，您老确定都要？”

“怎的如此啰唆？我自己来！”这强盗也是财迷了心窍，光天化日之下竟直闯入肆中，自己擎了那件四系罐儿，拢在胸前定睛打量起来。

店家见胡玉已然抢得，只好嘀咕着：“爷，您可要小心地拿好。这瓷器易碎，仔细着了。”

胡玉正要借机立威，便把那罐儿往地上一摔，只听清脆一声响，那罐儿可不就裂成了数瓣，露出里面洁白如玉的瓷胎。

那店家哪里肯罢休，捋起袖子便要上前拼命。

胡玉一使眼色，与他手下的心腹，一齐掀开了斗笠，袖中小尖刀已然在手，明晃晃直刺向店家而来。

那店家也是倒霉，好端端在钱唐市上做生意，竟遇到这般强人。尖刀虽然颇有些吓人，可那罐儿着实贵重，店家横遭此损失，说不得也是急眼了。何况这些年市面并不平靖，开店肆的也须有些凶悍。这瓷肆坐贾也曾练过两下，便不管对方手上有尖刀，不顾一切地扑了上去。

胡玉与手下见这瓷肆老板不肯低头，心想今后这市中还有谁能听他们摆布？说不得就得打出些花样来，便拿了尖刀直插向那老板胸前。胡玉的刀口滑过去了，但是他那手下的尖刀恰恰捅在瓷肆老板的小腹。那老板握

汉青釉斜方格纹陶盖罐

汉青釉斜方格纹陶釜

住刀柄，小腹顿时血流如注，他熬不得疼，惨叫一声，蹲坐下去。

“了不得了！杀人啦！”旁边肆中众人都喊将起来。

胡玉如今已是骑驴上山下不来，干脆把凶眼一横，手中尖刀狂挥乱舞，大喝道：“俺胡玉是也！你们从今往后，都要按期交保费给我，便让你们平安无事；如若不然，那瓷肆老板就是个榜样！”

肆中众人听到胡玉此言，都不忿得很，只是忌惮胡玉的蛮横，不敢作声。

胡玉见示威奏效，便向手下使了个眼色，掏出个大布袋子，先从这瓷肆入手，向肆中敛钱。

两人正忙着将瓷肆中钱往自家袋中装时，却听得背后哗啦啦一阵脚步声，忽地停在瓷肆前。

胡玉转身看动静，只见一列府兵甲胄鲜明，手中各持朴刀，背负弩弓，整整齐齐在肆前列队排定。队伍最前头，立定一员少年小将，头戴螭云掩月青铜盔，身披劲钢精绵锁扣甲，脚蹬一双玄青色抓地虎的快靴，腰系生牛皮的箭囊，手中握一柄锋利的长剑。

那可不就是前些日子，在钱塘江畔匏里，孤身一人，便杀了他一名手下，赶得他胡家军做了鸟兽散的少年孙坚？

除了孙坚，还能是谁！

繁荣的东吴全民皆商

（全）柔尝使琮（柔子）赍米数千斛到吴，有所市易。琮至，皆散用，空船而还。

——〔晋〕陈寿：《三国志·吴书·贺全吕周钟离传》

布帆百余幅，环环在江津。执手双泪落，何时见迎还。
大艑载三千，渐水丈五余。水高不得渡，与欢合生居。

——汉乐府《西曲歌上》

假尉孙坚履行起职责来一丝不苟。连日来，他操练府兵，又是列阵演习，又是刀法对扑，优者赏，劣者汰，搞得人人自危。汉末府兵本已十分懈怠，孙尉上任后，新规执行，众兵不得不振奋精神，努力上进。虽有个别嘀咕不服管的，但孙坚治兵极有章法，赏罚有度，更是身先士卒，鸡鸣而起，日落而息，夜间收了兵，他自己回衙又苦读兵书。大家见新任假尉勤勉如此，也颇受激发。更何况，孙坚任假尉之后，绝无吃空饷、扣兵粮之事，大家领到的钱粮竟较之前多了许多。一些赛中获胜的兵卒更是多拿了一倍都不止，自然十分欢喜。不到月余功夫，孙尉在府中威望已是极高，兵卒们个个信服敬佩，听他号令。

孙坚见府兵可用，就领着兵卒们开始在吴郡轮值巡逻。他自己出身寒素，深知百姓疾苦，最要紧就是治安肃靖，买卖公平，市面繁荣，百姓才能安居乐业。集市上鱼龙混杂，有欺行霸市，逞强凌弱的，有故意错估漏价，偷奸耍滑的，都被孙坚一一查处。有那店肆杂乱，侵占道路，屋倒棚斜的，孙坚便带着府兵亲去整顿，又帮着修缮维护。没过多久，众肆商都闻知孙假尉的威名，个个守本分，公平买卖。一时间，群盗敛迹，宵小匿声，吴郡竟大为清明，颇有些太平盛世的景象了。吴市已靖，孙坚并不闲着，又率众往属县集市巡检。这一日，来到僻远的钱唐市，孰料迎头正碰见老冤家胡玉。

孙坚把胡玉认了个真切。当日，他一人难擒众贼，只得虚张声势赶跑海盗，护住财物便罢。如今，情势逆转，他是官军，领了几十个身强力壮的府兵，胡玉只带了一个心腹，又是贼人，真是官捉强盗，师出有名。胡玉与手下当街杀人，人证物证俱在，孙坚一声号令，已有两名小兵出列捉拿。

胡玉怎肯束手就擒。他手握尖刀，与那两名兵丁厮打起来。小喽啰见头目如此，不得不咬紧牙关，也上前勉强格杀，成了个两两僵持之态。

孙坚见二盗竟猖狂至此，从鼻子里闷哼一声，正欲亲自出手。众府兵一看，哪能让假尉动手，站在头排的四名府兵不待号令，就上前助阵。

胡玉一看情形不对，虚晃了一招，索性跳进瓷肆。众卒跟着进去捉拿。不料胡玉在里面掀翻了几张条案，又拿货柜顶住，肆内狭小，兵卒们施展不开手脚，一时间竟无法制服。胡玉又寻了个空隙，从另一头翻出瓷肆，连踩着邻旁几家肆铺的檐瓦，逃出府兵的包围，又纵身一跃，跳入盐桥河中，往浦外游去。

孙坚与府兵俱没有料着那胡玉如此狡猾，竟从水中遁去。他们都穿了厚重的铠甲，不方便下水。刚才与胡玉对阵的府兵，见首犯从自己手中逃脱，不觉赧然，要脱了铠甲，跳入水中去捉。孙坚见胡玉已在水中去远，便止住了，只拿住那个手下，即收队回郡。

那边胡玉侥幸逃脱之后，知道官府定不会善罢甘休，孙坚更是已然记住了自己模样，再不敢从人多的集市上走，而是往人少的乡下逃窜而去，风餐露宿，连抢带夺，乡下人胆小，也不敢报案，竟让胡玉有一顿没一顿的，翻过钱唐南面的群山，直潜逃入会稽郡内。恰逢许昌在句章县谋反，自称阳明皇帝，与他的儿子许韶一起，开了官仓放粮，又劫杀富户，分济财物，煽动周围各县的平民，召集了几万人，现下已把会稽郡治山阴城团团围住，将太守困在里面出不来。胡玉走投无路，只好去投奔许氏父子。

会稽郡其时的太守叫尹端，眼见强敌来袭，竟一时不知所措。他手下有个主簿叫朱儁，正当而立之年，智勇双全。朱儁是上虞人氏，幼年丧了父亲，寡母在集市上贩卖缯帛为生，将他拉扯成人。朱儁为人仗义轻财，又孝养母亲，为乡人敬重，合县上下，远近闻名。同县有个叫周规的，受朝廷征辟时，曾向公府借钱百万以整饰衣冠，周规家贫不能偿还，朱儁便拿母亲的缯去替周规还债。母亲责怪时，朱儁就说，人皆有急时，钱财只是手中物，从我之手，到他之手，只要是恰当用处，便无区别。今日我周济他，焉知他将来没有富贵的那天？何况周规已受朝廷征辟，总有兴旺发达的时候。上虞县长闻听此事，以朱儁为奇，便向郡守韦毅推荐，韦毅离任，又特意向继任太守尹端推荐，尹端任命朱儁为主簿。

此刻，朱儁见尹太守慌乱无策，便向上司献计，说如今会稽有难，郡治被围，本应赶紧遣人上报，可远水解不了近渴。会稽郡却与吴郡相邻，听说吴郡新任假尉孙坚，才一十七岁，年少英武，曾只身战群盗，可倚重之。尹端闻听此计甚好，便拟了求救的书信，盖上大印，派遣朱儁向吴郡求援。朱儁于半路遇到孙坚，分头前往邻县募兵，相约三日后聚拢人马在钱唐，再合兵攻打许昌。

孙坚与朱儁分开后，便一路征兵到了富阳地界。那里有与孙坚从小一起长大的总角之交，朋友唤朋友，半日间即募得千人。孙坚又巡周边市集，再募得五百人。他把新兵与老兵穿插，边行军边操练，又以大义激发，一时间“保家卫国，杀贼靖市”的口号伴着行军时扬起的风尘，一路久久不散，煞为可观。

三日之约已满，孙坚与朱儁在钱唐聚齐，两下里共有五千余兵卒，且都身强体壮，斗志昂扬。两军合兵一处，往山阴城而去。这支队伍刚到山阴城下，又见州府的救兵五千人也已经到了。少年将军孙坚率部与州府兵前后夹击攻敌，那许氏的队伍很快溃散，许昌被乱兵杀死，阳明皇帝只做了十几天便一命呜呼。许韶被手下绑缚来降。那胡玉在乱兵之中想溜，却被孙坚看得真切，一箭射中胸口，追随阳明皇帝去了。

战后叙功，扬州刺史臧旻上表，给孙坚记了首功，皇帝下诏，任命孙坚为盐渎县丞。朱儁功过相抵，不赏不罚。尹端太守却是驱敌无策，应问斩刑，被押上京，待秋后处决。朱儁为人义气，暗地拿几百两黄金疏通运动，细表当时无奈情形，朝廷竟免了尹端死罪，只贬为左校。而这事朱儁根本没跟尹端说过，也没跟旁人提起。下任太守徐珪荐举朱儁为孝廉。后来朱儁升任兰陵县令，在征伐交趾时立下大功，被封为都亭侯，入朝任谏议大夫。

孙坚则带着家乡儿郎，北渡长江，前往盐渎县任职。

其后几年，辗转任盱眙、下邳县丞，皆在江淮一带经营，有了一定的实力。九年以后，中平元年（184），黄巾军首领张角在魏郡发动起义。因战功官拜中郎将，被封为钱唐侯的朱儁素知孙坚才能，便任命孙坚为佐军司马。宛城大战中，孙坚独当一面，甘冒锋镝，身先士卒，大破义军，拜为别部司马。其后，孙坚战黄巾，斥董卓，斩华雄，拜长沙太守，豫州刺史，封乌程侯，可惜天不假年，竟在三十七岁为黄祖军士射杀。然而，孙坚留下的基业，为其子孙策、孙权继承。孙权终率江淮儿郎，渡江而归，在江东开辟出一片新的天地。

继承孙坚靖市安民的遗志，东吴政权重视经济，浮舟江海，航海通商。当时钱塘江上，俱是商船来往，竟达千艘之多，运载的多为米、布等民生用品，保障了杭州集市的繁荣。孙权还遣将军卫温、诸葛直将甲七万人，跨海寻夷州、亶州。会稽市亦有亶州商贩每年来贩买越布、瓷器等物，会稽商贩也有被大风吹至亶州的。

当时的东吴曾与不下数百国通商，其在永宁的造船基地，可造五层大船，载三千人，船上雕刻丹镂，青色华盖，绛色船襜，连摇橹戈矛上都饰有纹画，弓弩矢箭，都用上好的材料制成。制成的大战船号青龙舰，望之若山，巍峨壮观。据《三国志·吴志》载，吴国水军光船只的类型就有弋船、楼船、油船、艨艟、斗舰、走舸、轻利舰、飞云大船、大舸船等名目。这些船只形制虽不可考，但仅从名称就可以想见其功能之全。

三国政权中，吴国经济最为发达，官方鼓励经商。孙权时，曾有上万人的船队出海，所载货物往往诱得曹魏国人垂涎，纷纷前往互市。魏吴互市时，常有魏国军士前来劫掠，并杀戮平民，冒称军功。孙吴政权保护之下的杭州集市，以民生为要，粮食是集市上的大宗商品，

汉玉饰片
浙江省博物馆藏

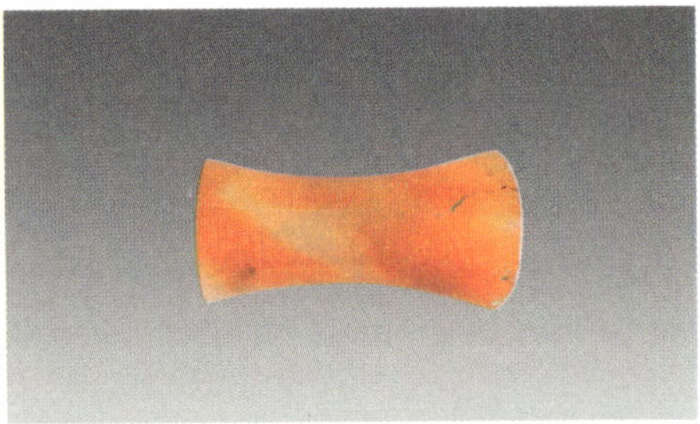
汉玛瑙饰件
浙江省博物馆藏

汉玻璃饰件
浙江省博物馆藏

蔗糖、煤、火油则是集市上的新商品。

嘉禾四年（235），魏国遣使来，用马匹交易珠玑、翡翠、玳瑁等。孙权说："此皆孤所不用，而可得马，何苦而不听其交易。"便很高兴地与魏使做了这笔划算的买卖。东吴政权自黄龙元年（229），孙权称帝为始，至东吴天纪四年（280），孙皓投降西晋为终，前后五十一年，皆保境安民，因此市集繁盛，百姓富庶。

当初，孙策入会稽，以程普为吴郡都尉治钱唐。孙权称帝时，把家中贩卖的数千斛米都施济给平民的全琮封为钱唐侯。吕蒙袭荆州时，曾让人着商贾的白衣摇橹，伏精兵于舱中，化装为商船，昼夜兼行。沿江水陆交通便利处，还建有不少官浦、邸阁，供商船会集，驻脚歇力。孙休时，州郡吏民及诸营兵，皆浮船长江，贾作上下，可称得上是全民皆商了。随着经济与集市的繁荣，东吴治下，析置了不少新县，钱唐县在东吴时恢复建制。到南朝陈时，升格为钱唐郡，下辖钱唐、富阳、於潜、新城四县。隋时更名余杭郡，并开始营建杭州城，随着政治地位的上升，杭州的集市也将聚集更多人口，辐辏更丰盛的物资，滋生更兴旺的买卖，更富足的生活，更传奇的故事。

参考文献：

〔梁〕萧子显：《南齐书》，中华书局，1972 年。

〔晋〕陈寿：《三国志》，中华书局，2011 年。

〔魏〕陆广微：《吴地记》，江苏古籍出版社，1986 年。

〔清〕严可均辑：《全晋文》，商务印书馆，1999 年。

〔晋〕崔豹：《古今注》，中华书局，1985 年。

〔宋〕司马光：《资治通鉴》，中华书局，1956 年。

陈国灿主编；张剑光著：《江南城镇通史 · 六朝隋唐五代卷》，上海人民出版社，2017 年。

王仲殊：《"青羊"为吴郡镜工考——再论东汉、三国、西晋时期吴郡所产的铜镜》，《考古》1986 年第 7 期。

田余庆：《孙吴建国的道路》，《历史研究》1992 年第 1 期。

陈惠忠、徐冬梅：《两代天子梦 一朝帝王家——记孙坚、孙策和孙权创建东吴政权始末》，《苏州教育学院学报（社科版）》1992 年第 6 期。

第三章

吴越国集市上的火灾

自隋朝京杭大运河开通，杭州成为大运河南端的起讫点，北上可达扬州、洛阳、北京。钱塘江在此与大运河交接，南下与衢州、睦州、处州、婺州相通，西向与宣州、歙州、饶州、信州相连，更远与福建八州往来。乘着潮水溯江上下，船上满载南北四方货物，在杭州集散中转。杭州城内亦有重要水道沟通，盐桥河承运河水，茅山河接钱塘江水，清湖河引西湖之水，组成四通八达的水路，集市沿水成街，聚成“东南名郡”，有“骈樯二十里，开肆三万室”。南来的商户，从福建、广东、温州、越州，甚至占城等东南亚各地运来宝货无数；北往的船舨，贩运乌桓、契丹等地马匹、毛皮等物。大批发商在此交易数量巨大的盐鱼米绢。自吴越国定都杭州以来，杭州集市“东眄巨浸，辏闽粤之舟橹；北倚郭邑，通商旅之宝货”，“东南为甲，事兼华夷”，富庶得俨若“地上天宫”。

贩运椤木却被军市上的酒香勾留

邑屋之繁会，江山之雕丽，实江南之胜概也。

——〔宋〕薛居正等《旧五代史·世袭列传·钱镠》

杭州在唐，繁雄不及姑苏、会稽三郡，因钱氏建国始盛。

——〔宋〕王明清《玉照新志》卷五

瑞石山子城双门之外，盐桥河的最南端，便是碧波亭。从梅家桥下引了茅山河，东流与保安水门横河相合。被龙山、浙江两座复式船闸过滤了泥沙的钱塘江水，源源不断地往此处注入，再往北直行，迤逦至天宗水门而出，最后汇入宝德门、北关门外的大运河，这是杭州城内由南至北最贴近钱塘江的茅山河道。茅山河道西侧，夹盐桥河两岸，自北向南分别驻扎着福州营、青字营、大路营、马家营、宝剑营和白璧营六营劲旅。离碧波亭最近的，是南边的宝剑营与白璧营，亦离牙城最近。此刻，他们正在碧波亭前的阔地上操练水师。

临水的碧波亭面阔数丈，自碧波亭东望，可以望见钱塘江上南来北往的舸舫，络绎不绝，遮天蔽日。

五年前，松浦澄源从明州进入吴越国，转内河至西陵（即西兴），再跨渡钱塘江，从碧波亭南边的柳浦舍舟上岸，来到这被称为“地上天宫”的吴越国。一上岸就被六营屯兵的热闹气息震撼了。

他来自西海道肥前国的僻远乡村，赶一天山路都见不到一户人家。刚到博多津等待前往中国时，他有很长时间都不太习惯在人挤人的街市上行走，总觉得他人身上的汗臭味过于刺鼻。

他来吴越国的那天，虽已入秋，却炎热未散，杭州人谓之秋老虎。闷得叫人透不过气来的热风一下子包围了他，让他有种窒息的感觉。那日，正逢营兵们休假，设在白璧营前的军市开张。从北边钱塘赶来做买卖的百姓，跨过盐桥河，沿着茅山河西岸摆出了各式各样的货物，起劲地吆喝着。吴越国的营兵们军饷给得足，花起钱来大手大脚，见着有用无用的东西，只要一时兴起，眼都不眨就买下了。

城南军市便成了趋利商贩们簇拥之所在。这军市因是贴着茅山河，显得狭长局促，略多几个营兵们并行，就会把铺席前的空地都挤满了。澄源几乎要侧着身子才能走过去。那些铺席上的货物，离他每每隔了三五个营兵，澄源几乎都无法看得清楚。即便是这样，他也被这铺天盖地的货品给弄花了眼。

春酒梨花白是所有货物中卖得最好的，竟有十几处铺席上挂着梨花白的幡子。每家铺席又摆出大大小小的酒坛，有一坛开了泥口，供客人试喝。一阵阵醇香从铺席上飘溢而出，直钻入人的鼻孔里，勾得人心痒难耐。那酒幡子也漂亮，青绫上斜织着暗花的四朵小花瓣，蒂中有花籽，外有小叶，花朵均匀分布，绫下缀着五彩流苏。澄源后来才知晓，这是杭绫中最有名的柿蒂花。唐代大诗人白居易就写过这样的诗句：“红袖织绫夸柿蒂，青旗沽酒趁梨花。”

其次多的货物便是雕版佛经。澄源有幸见过吴越国送至日本的雕版佛经，用的是白棉纸或竹纸，色白质韧，字体工整秀丽，刀法圆润老辣，挑不出一点错处。刻印的佛像更是吴带当风，栩栩如生，堪称精品。澄源早就听说吴越国王是天台宗的俗家弟子，如今看来，这营兵们笃信佛教的亦不在少数。余杭藤纸的销量也不错，也是色白质韧，不像别处的嫩竹纸，一扯就裂。识字的营兵们买来用于写信、记账，或是抄经。至于蒲葵扇、柚木伞、秘色瓷、佛像等自不必说，就连象牙、犀角、珍珠、翡翠、玳瑁、毛皮、香料等寻常难得见到的宝货，也都赫然在目，就那么随意地堆摆在铺席上，让人咋舌。澄源真的想象不出，这吴越国究竟是有多富庶。

别的买不起，若不是赶着要去回图库办正事，澄源真想也买上两坛梨花白，命人送去自己落脚的樟亭驿，好慢慢细品。

澄源所乘的船是吴越国王钱俶派来日本求取佛法的。船主人蒋承勋曾多次受吴越国王派遣，给日本右大臣藤

宋贴金彩绘石雕经函　函内原存七卷纸本墨书《妙法莲华经》　浙江省博物馆藏

原氏传递书信，随船还有无数的锦绮、香料、珍宝等，甚至还有孔雀、羊等动物。其时，日本施行锁国政策，自唐末停了遣唐使以来，不再有日本船只主动前往中国。他们听说大唐已然崩溃，其后接连着有梁、唐、晋、汉等政权更迭，前几年忽又换了国号与皇帝。南方更有南唐、吴越、闽、蜀等十国，搞不清究竟该与哪个朝廷交往，索性不主动前来。日本对待吴越国的使者也不冷不热，只是贪其财货，有使者来，都接到鸿胪馆住下，好好地供给食宿接待。由大宰府统一用府库的砂金、水银、锡等物与吴越客商交易物品，严禁私自交易。吴越国带来的珍禽异兽、香药、锦绮等，则送到京师供天皇御览后，交由内藏寮收藏，等需要时进上，或是将来发卖给朝臣。

对于吴越国搜求天台宗经论章疏的举动，日本倒是有求必应。那些佛经原是从大唐传去，自唐武宗“会昌法难”后，又加上战乱频仍，天台宗典籍散佚大半，唯剩断简零篇。吴越国王钱俶便采纳德韶国师的建议，多次派使者至高丽、日本等国，以重金请购回经典。日本天台宗座主觉庆曾命人将《仁王般若经疏》《弥勒成佛经疏》《小弥勒经疏》《决疑》《金光明玄义》《严华骨目》等天台宗论疏抄好送给吴越国使者。

也有和尚受座主委派，正式向官方申请，得到许可

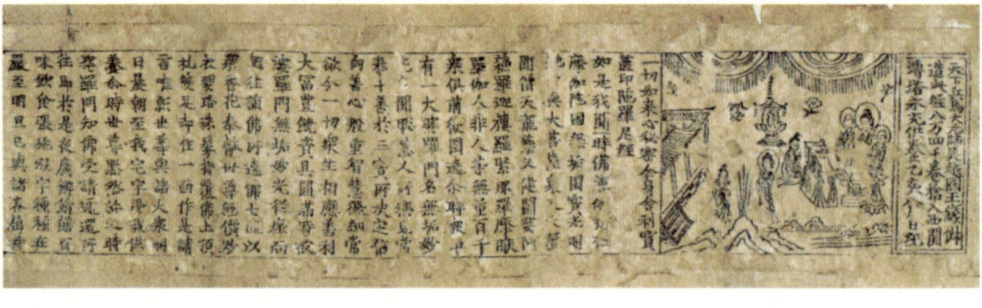

五代吴越国刻印的《宝箧印陀罗尼经》　浙江省博物馆藏

后，以“缮写法门度送使”的名义，送经入吴越国。肥前国延历寺的日延和尚就是多年前受慈念和尚延昌委派的度送使，曾搭乘吴越国商人蒋承勋的船去往中国送经。一至吴越国，日延一行便受到隆重的接待，钱俶在富丽壮观的天册堂亲自接见，当场赐予紫衣，准许参拜天台山，其后遍游吴越诸地。日延和尚曾多次来往于日本与吴越国之间。澄源来吴越国的那艚船也是蒋承勋的，于后周广顺三年（953）春夏间到日本，传递了吴越国主给右大臣的私信。当年台风季一过，右大臣就托蒋承勋将复信带回。澄源则是肥前国守护派去运送椤木的，便与日延和尚一起登上了回吴越的宝船。

日本椤木在吴越国十分有名。当年吴越国创立者钱镠筑捍海塘时，普通夯板的沙土根本没有用，钱塘江水流急，风浪大，没两下就冲塌了。钱镠乃造3000支山阳竹箭，以鸿鹭之羽饰之，炼刚火之铁为镞，于据说是潮神生日的八月十八那天，在候潮门外叠雪楼搭起大王台，命五百名弓箭手以强弩齐射，从此逼退了潮神。其实那只不过是个传说罢了，潮神岂有能射得退的?

真相是，钱镠从日本求购了大量上好坚固的椤木，穿过装了巨石的竹编大笼，牢牢插入塘基底部，在离岸二丈九尺的海滩上密密打了六层木桩石囤，又用椤木在泥塘外植滉柱十余行，以卸去潮力，从六和塔起至艮山门，长三十三万八千五百九十三丈，计用钱十万九千四百四十缗，[1]终于筑成壮若长龙、固若金汤的捍海大塘。

日本椤木在吴越国捍海成名，求购量极大。营桥建寺，亭堂楼阁，处处皆需。在澄源之前，不断有日本客商搭乘吴越国的船，运送椤木前来。候潮门外的江滩上，就曾堆放大量日本国运来的椤木，还建了一座椤木桥，

①堤长和用钱数目，来自《武肃王筑塘疏》（见钱文选《钱氏家乘·遗文》）。

有一小队兵卒看守，此地就被人称作“樛木营”。

当日，澄源既是来运送樛木的，就不得不离了热闹的茅山河军市，赶往回图库交割货物。他竟顾不得喝一口梨花白的酒。自日延回国，澄源就在盐桥河边租房屋住了下来。从他的住处走两步路，就有一家供应梨花白的五福楼，还有胡姬以歌舞佐酒。澄源曾多次登楼，把梨花白喝了个痛快。好几次，澄源与友人在楼上酩酊大醉，还麻烦店主人差小二将他背回家中。但澄源一直怀念，他上岸之时，夹在无数壮汉汗臭味中的梨花白酒香，倘若就着钱塘江的咸湿热风喝下，那定然别有一番滋味。

市吏推荐的特色“浇店”

孙承祐在浙右，尝馔客，指其盘筵曰：“今日坐中，南之蝤蛑，北之红羊，东之虾鱼，西之粟，无不毕备，可谓富有小四海矣。”

——〔宋〕陶穀《清异录·小四海》

闾阖门外通衢有食肆，人呼为张手美家。水产陆贩，随需而供，每节则专卖一物，遍京辐凑，号曰浇店。

——〔唐〕韦巨源《食谱》

市吏李景素最是讨厌偷奸耍滑的商人。

他所辖集市，位于钱塘县治的南缘。自钱镠修建罗城，将南面的杭州州治与北面的钱塘县治连为一体后，分派六营屯兵填充，渐渐兵民混居，人丁繁盛，县治与当年的屯营处，就沿着盐桥河东岸，连成了最热闹的市集。每日里，从城外运河摇进数百艘商船，载了米帛盐鱼，进市贩卖。钱塘自东汉末撤县之后就没有了市墙，南边隋朝大将杨素营建杭州州城，北边县治之侧依旧逐河而居。到了唐末，坊市分离的制度早已弛废，钱塘市更是混杂在民居之间，铺店鳞次，旗幡招展，市声盈水，终朝不歇。这集市的货物大都是百姓日常须臾离不得的，稻米粟麦、蔬菜水果、水产、肉类、酒类、糕饼等自不必说，更有染房、针铺、估衣、伞铺、纸坊、邸店、柜坊、质库、寄铺、车坊、脚力店等一间挨着一间，每日里行人来往，川流不息。

对市吏李景素来说，就得睁大了眼，瞧看那些个商家有没有私下里换了大小斛，或是将戥秤的戥子锤偷偷磨移；有没有结搭子伙同做局，骗取刚进城未开眼的乡下小伙积年攒下的辛苦钱；保不住哪个惯会偷鸡摸狗的贼儿，混入市肆瞅人不注意，就将铺上值钱的物件顺溜进了自己的袖中；更别说总有那晃悠在集市上的乞儿，一错眼就抢了两个胡饼吞下了肚……好在吴越国百姓大多恭顺，遇上几个毛贼，被李景素呵斥一番，索捆了去衙中一顿好打，就可以老实个十天半个月的。

李景素认出，前面走着的，正是孙宅的大管家孙鉴及几个仆从。孙大管家每天都要到集市上大量采买。那些贩菜的、宰肉的、运蚬的，一见到他就笑咧了嘴，百般讨好，招徕生意。只缘个个俱知，上直都指挥使孙承祐，是个美食家。孙宅每日下饭菜肴至少须得二三十种，否则孙都指挥使便会叹“下不得箸”。

孙承祐的姊姊孙太真，是吴越王的正室，前两年刚生了嫡子惟濬，一出生便被立为世子。连带着孙承祐也得到恩宠，倍受信任，三天两头赏赐不断。在吃食上花的那点小钱，他哪放在眼里。主人既有此嗜好，孙大管家便将采买菜肴视为头等大事，日日都要带几个老实本分的仆从，到集市上亲自采买。

看紧跟他后面的两个仆人，已各提了两筐子蔬菜，其中韭、芹、薤、萝卜、蔓菁、莼、蕨、荠、蓼、苋、菘等依次堆叠，还有莲藕、茭白、菱芡、紫茄等，已然十分沉重。孙鉴正站在一处卖芋头的铺席前挑选。那铺子主人正铆足了劲，给孙大管家推介各式芋头，有青芋、紫芋、真芋、白芋、连禅芋，至于野芋则多有毒，吃不

〔宋〕张择端《清明上河图》中的岸边集市

〔宋〕张择端《清明上河图》"孙羊店"门口的担式摊

得的。又道：那青芋多子，细长而毒多，须先加了灰汁初煮，再换水煮熟，方可食用。其余诸芋，加肉作羹，都是极好的。李景素斜眼打量，心中暗忖，这芋头是寻常穷人家吃不饱饭，置火上烤煨熟了，用来填饱肚子的。谁知竟有如此多讲究，不少品种闻所未闻。孙大管家听得频频点头，就叫每样都包一点带回宅中。

买完芋头，孙大管家又到了卖葱蒜的铺席前。葱蒜辛香鲜美，将蒜制成蒜齑或蒜酱，可用来吃鱼拌肉，"蒸豚搵蒜酱，炙鸭点椒盐"[①]，日日都离不得。那卖蒜老板又向孙鉴笑道："昨日新到的新罗金毛菜，孙大管家要不要试试？"

孙大管家顺着卖蒜老板所指望去，只见挨着葱处，是一团团乌绿滑腻的水藻样的东西。孙鉴不禁失声笑了出来："哈哈哈，那不是石发吗？泥沙又多，又如嚼蜡，有甚可吃！"

"管家您有所不知，确是石发。只不过这是新罗产物，

①此为唐代僧人寒山的诗句。

叫作金毛菜，跟此间石发可大大不同。它不但泥沙少，且鲜美异常，用来调制山薯羹，或是煮脱粟饭时放上些许，味道可鲜了。”

孙大管家一听，想到都指挥使曾经说过，同样是羊，河西羊最佳，河东羊次之，吴越国本地的羊则味道不佳，吃多了还会发疾，想来这新罗石发也是这个道理。他便叫那老板包上半斛，回去试制尝尝再说。

买鱼肉才是大头。孙大管家见日头已是大出，生怕赶不上开饭的时辰。今日孙宅又要宴请宾客，若是席中缺了鱼肉，可不要被都指挥使骂得狗血喷头，便赶紧催小厮们加快脚步。不多时，先前空手的仆从已挑了百余斤新杀的牛肉，半扇豚肉，一头绯羊，鳖、虾、蚶、蛎、蝤蛑各半筐，鸡鸭鹅各几十只，还有几只山鸡、鹧鸪等活物，直把那些小厮的腰都压弯了。孙宅的酒有宅中自酿，也有各处酒家定期送上门来的，像蒲黄酒、五酘酒、青门酒都是常备的。至于宣城的腊酒、余杭的长命酒、乌程的箬下春酒、越州的老酒，以及当涂的快活汤酒，亦有商贩远途送来，无须在市中采购。孙鉴见这满登登的菜蔬，总觉得还缺了点什么。

他家都指挥使请客，讲究东南西北，珍馐毕备，样样俱全。每回都要杀物数千，生起十个银镬的灶火，依次荐与馔客。有一次，都指挥使指着酒菜，志得意满地对客人言道：“今日坐中，南之蝤蛑，北之红羊，东之虾鱼，西之粟，无不毕备，可谓富有小四海矣。”为了集齐都指挥使的“小四海”，孙大管家可是在集市上跑断了腿。

李景素见孙鉴在前面犹豫着，脚上加了两步，赶上前唱了个喏，跟孙大管家推荐道，前面仁和坊有家张家食肆，唤作“浇店”，是当年长安张手美家的后人所开，每个重要节令专卖一物：元日元阳脔、上元油画明珠饭、人日六一菜、二月十五涅槃兜、上巳手里行厨、寒食冬凌粥、四月八指天馂馅、重午如意圆、伏日绿荷包子、二社饭辣鸡脔、七夕摩睺罗饭、中秋玩月羹、中元盂兰饼餤、重九米锦糕、冬至宜盘、腊日萱草面、腊八法王料斗。如今四月初八浴佛节将至，何不试试他家的指天馂馅，听说馅料都是素的，却能吃出鱼虾肉蟹的味道。

张家食肆的隔壁是家饼店，做出的胡饼脆，蒸饼香，饧饼甜，更有从南唐金陵学来的鹭鸶饼、天喜饼、驼蹄餤、春分餤、密云饼、铛糟炙、珑璁餤、红头签、五色馄饨、子母馒头，还有角粽、菱粽、筒粽、秤锤粽、锥粽等各式粽子，胡麻粥、寒食麦粥、杏仁饧粥、桃花粥等花样小粥，味道俱佳。

孙鉴道了声“奇！”，也叫小厮去买些来尝尝，自己却跟李景素闲聊起来，打听近来市面上的新闻。

李景素叹了口气，说：“去岁，后周征南唐，约了吴越国水军助阵，许多壮劳力都被征发，剩下的青壮年也大多在水师演练，市面已比寻常萧条了许多。吃不上饭的乞丐越来越少，游方的僧道却越来越多，治安也越来越差。”孙鉴不解地问：“这一多一少，是何道理？”

李景素笑道：“人人家里自己都只恨不得扎了嘴，那乞丐讨不上饭吃，也没有人给布施旧衣，要么饿死，要么冻死了！至于那僧道，只因各处寺院道观也都紧缩了挂单的口子，他们没了供膳宿的地方，可不就都涌到了街头啦？”

孙鉴便叹：“如此，李市吏更有得繁忙了。”

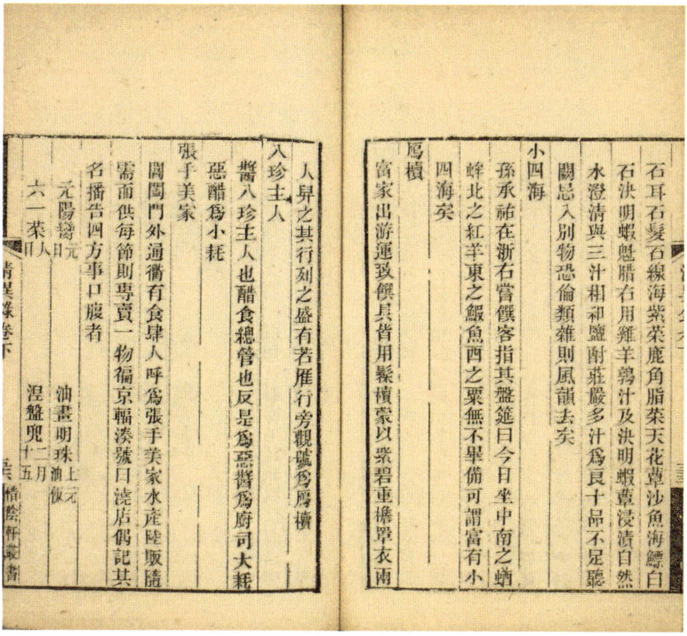

石耳石髮石綫海紫菜鹿角脂菜天花蕈沙魚海鰾白
石決明蝦魁腊右用雞羊鵝汁及決明蝦蕈浸漬自然
水澄清與三汁相和鹽酎莊嚴多汁爲良十品不足聽
闕忌入別物恐倫類雜則風韻去矣
小四海
孫承祐在浙右嘗饌客指其盤筵曰今日坐中南之蟳
蛑北之紅羊東之鰕魚西之粟無不畢備可謂富有小
四海矣
房櫝
富家出游運致饌具皆用髹櫝㨿以紫碧重檐罩衣兩
人舁之其行列之盛有若雁行旁觀號爲房櫝
八珍主人
醬八珍主人也醋食總管也反是爲惡醬爲廚司大耗
惡醋爲小耗
張手美家
闤闠門外通衢有食肆人呼爲張手美家水産陸販隨
需而供每節則專賣一物徧京輻湊號曰澆店偶記其
名播告四方事口腹者
元陽臠 元日　油畫明珠 上元油飯
六一菜 人日　涅盤兜 二月十五
清異錄卷下　惜陰軒叢書

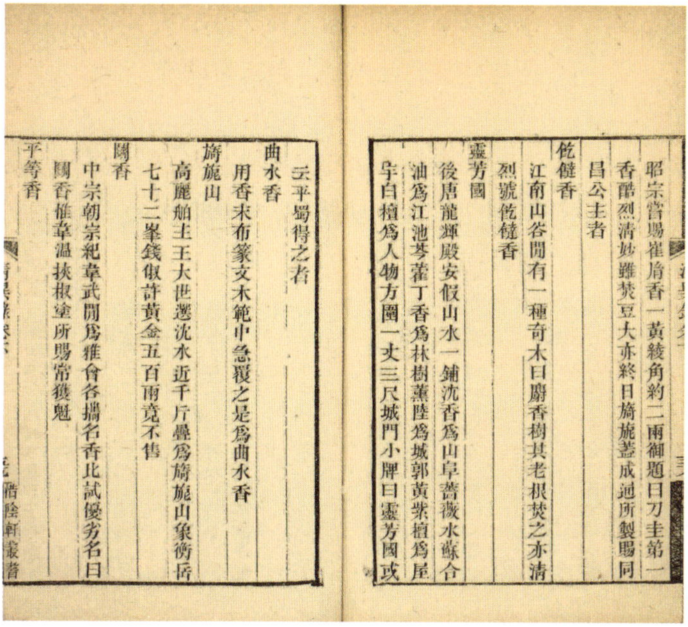

昭宗嘗賜崔胤香一黃綾角約二兩御題曰刀圭第一
香酷烈清妙雖焚豆大亦終日旖旎蓋咸通所製賜同
昌公主者
佐餹香
江南山谷間有一種奇木曰麝香樹其老根焚之亦清
烈號佐餹香
靈芳國
後唐龍輝殿安假山水一鋪沈香爲山阜薔薇水蘇合
油爲江池苓藿丁香爲林樹薰陸爲城郭黃紫檀爲屋
宇白檀爲人物方圓一丈三尺城門小牌曰靈芳國或
云平蜀得之者
曲水香
用香末布篆文木範中急覆之是爲曲水香
旖旎山
高麗舶主王大世選沈水近千斤疊爲旖旎山象衡岳
七十二峯錢俶許黃金五百兩竟不售
鬭香
中宗朝宗紀韋武閒爲雅會各攜名香比試優劣名曰
鬭香惟韋溫挾椒塗所賜常獲魁
平等香
清異錄卷下　惜陰軒叢書

上：〔宋〕陶穀《清异录》载“小四海”和“张手美家”
下：〔宋〕陶穀《清异录》载“旖旎山”

李景素道："职责所在，不消说得。"

"若有那吃不上饭的乞丐，让他们到都指挥使宅的后门来吧。每日下午，宅中宴客剩下的菜，也够他们吃个饱了。"孙鉴嘱咐道，"可分批前来，万不可动静太大，打扰了都指挥使休息，反是不妙。"

李景素谢过孙大管家，赞他是菩萨心肠。孙鉴连忙摆手，说："不过莫叫这许多饭菜浪费罢了。"

说话间，两人已到薪柴市前，孙鉴要进去采买。一个金发碧眼的小个子胡人骑着马，不小心擦到孙鉴身上，那胡人在马上忙鞠躬致歉。孙鉴向他摆了摆手，并不介意。胡人一再欠身，慢慢退远了。孙鉴带着人进了薪柴市。李景素因瞧见前面龙兴寺聚集了不少人，正在大声喧哗，便与孙鉴道乏一番，赶去看动静。

那小个子胡商又打马过来，见左右无人，忙下了马，从地上捡起一块腰牌，仔细辨认了上面的字样，就势揣进怀中。

胡商在龙兴寺一掷千金

吴越孙妃尝以一物施龙兴寺，形如朽木筯，僧不以为珍。偶出示，舶上胡人曰："此日本国龙蕊簪也。"增价至万二千缗易去。

——〔宋〕陶穀《清异录·龙蕊簪》

龙兴寺前的槐市，本是官学书生们聚起来卖书的地方，渐次也兼卖其他旧物，日积月累，竟演变成一个二手市场。大家都把日常不用的东西拿到龙兴寺前集市卖，也能换几个小钱。来此买卖的，大多是中等人家，卖些寻常用品。也有专门收旧货的商人，会把些个半新不旧的金银器拿来贩卖，虽精致，但因是旧物，只好折价出售。中等人家买不起太新太贵的首饰，到此间淘两件旧货，刚好合适。

今日，挨着龙兴寺大门的，却被一个小和尚占了。他摆了个旧货摊子，佛像的金装已是半残，经卷的页角大多卷起，少人问津。倒是些善男信女们施舍的小物件，什么碗盏灯镜，首饰衣物的，还偶尔有人询价。

这个小和尚遵照寺中大和尚的命令，将经年不用的冗余杂物整理变卖。谁知守了半天，问东西的少，问人的多。因见是个小和尚在卖旧货，人皆好奇，都要来问，是什么寺的，可是得了监院允许，莫不是偷了寺中东西

位于延安北路灯芯巷口的唐龙兴寺经幢

来卖……小和尚每每涨红了脸，好一顿解释。

有人拿起小和尚摊中一样物事，问小和尚什么价钱。小和尚见是根黑不溜秋的木簪子，形状也无奇，如同一根枯木箸。他也不知贵重与否，便让对方开价。那人便伸了三根指头。

“三百文？”小和尚摇摇头。

那人也摇摇头。

“三十文？”小和尚的头摇得更欢了，光头上的日光反射，晃得人眼睛都睁不开了。

“三文可卖？”那人竟问。

小和尚虽不知价，却记得那物是吴越国孙王妃施给寺里的，岂能三文便卖？就叫他放下。

“三十文可卖？”那人又开始加价。

谁知对面清湖河面的一条船上，传过来一个声音：“和尚，你那簪子当真要卖？”

小和尚定睛望去，见那船上站着一个金发碧眼的高大胡人，一身白衣从头包到脚，皮肤白皙，气度非凡。

“既是摆出来了，自然是卖的。”小和尚说。

“可有权做主卖？”

“自然！”小和尚有些不高兴了。

“既如此，我也出个价。”那胡人也不下船，兀自立在船上，隔水报出一个数字，“三千文。”

此价一出，小和尚惊了。先前那个问价的也被吓了一跳。旁边看热闹的都聚拢过来，瞅瞅这根不起眼的旧木簪子，竟值三千文。

那个先问价的原是想杀个价拿下的，谁知半路杀出个胡商，心中很是不爽，便道：“我们这里买卖东西，你又插什么嘴！”

胡商不乐意了，说：“市铺朝天，既是买卖东西，人人皆可开价，我如何就买不得？你若出不起价，小和尚自然可以卖给我。”

人群起哄起来，有人说：“是呀是呀，就许你买得，别人也可买啊。”

那人脸上挂不住了，强撑着说：“既是买卖东西，何以站在船上不下来？是诚心的吗？”

人群又骚动起来，七嘴八舌地议论起这胡商是否心诚。

那胡商却并不愠怒，微笑着让船工移船拢岸，竟下了船，来至小和尚摊前，拿起那根木簪子，问道：“小师父，三千文卖给我可好？”

这胡商汉话说得流利，几乎听不出外域口音。先前在船上时，远远只见一袭白衣，待走近了，人人皆看出，他身上是最新式样的绢绮，暗花缀底，薄若蝉翼，且不透风，端的是低调的华丽。

大家便知那胡商不是瞎开价了。

先前那个却是气呼呼也报了个价：“我出三千五！”

“五千！”胡商又慢条斯理地说道，“我说的是五千缗，不是五千文。”

众人都咋舌，那小和尚已经呆住。

那人却是知道了，这簪子定是个稀罕物，咬咬牙，又出了个价：“六千缗！”

人群越来越密集，皆来看两人竞价，惊呼声、啧啧声、议论声，占满了整个槐市。其他的人也不做生意了，都聚拢来看热闹。

李景素过来时，那胡商已经加价到九千缗。龙兴寺里的监院，此刻也出来主事，原先那吓呆了的小和尚站到了壁角。

那人已是汗津津，两腿微颤，如今却骑虎难下，又报了个数：“九千九百缗。”

胡商笑道：“一万二千缗。”

那人再也撑不住，一拱手，挤出人群，落荒而逃。

胡商再问监院：“师父，一万二千缗买此簪，可好？”

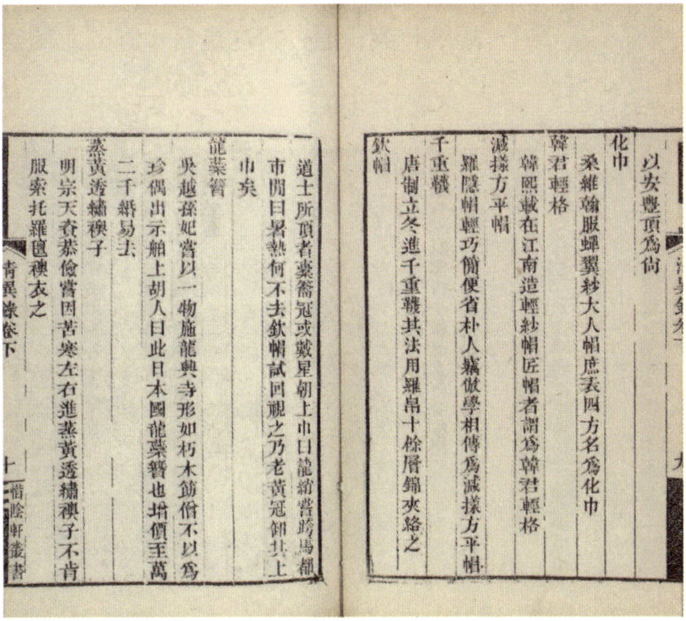
以安豐頂爲倘
化巾
桑維翰服蟬翼紗大人帽庶表四方名爲化巾
韓君輕格
韓熙載在江南造輕紗帽匠帽者謂爲韓君輕格
減樣方平帽
羅隱帽輕巧簡便省朴人竊倣學相傳爲減樣方平帽
千重襪
唐制立冬進千重襪其法用羅帛十餘層錦夾絡之
欽帽
道士所頂者褰裔冠或戴星朝上巾曰籠綃嘗跨馬都
市閒曰暑熱何不去欽帽試回視之乃老黃冠御其上
巾矣
龍蘂簪
吳越孫妃嘗以一物施龍興寺形如朽木筯僧不以爲
珍偶出示舶上胡人曰此日本國龍蘂簪也增價至萬
二千緡易去
蒸黃透繡褉子
明宗天資恭儉嘗因苦寒左右進蒸黃透繡褉子不肯
服索托羅氈褉衣之
清異錄卷下 十
借陰軒叢書

〔宋〕陶穀《清异录》载售价一万二千缗的龙蕊簪

监院毕竟见过世面，饶是心中震撼，面上却不动声色：“敢问施主，如何交割这钱？”

胡商道：“我们写下买契，我的珍宝铺便在瑞石山下。要现钱，或是折算成米绢，都是可以的。”

众人这才知道这胡人原来是波斯来的珍宝商，难怪出手阔绰。位于瑞石山的双门乃是吴越王宫后门，在北面。杭州城是个倒骑龙的格局，王宫的正门通越门在钱塘江畔，位于城南，于是这后门反倒成了经常出入之所在。瑞石山双门一带，都住着皇亲贵戚，到处是深宅大院，楼阁馆亭依山而建，富丽堂皇。因此，有几家波斯人就将珍宝铺开设在双门，每家都实力雄厚。鹅蛋大的珠子，拳头大的鮹鱼之精，都算不得稀罕物。

监院又问：“这簪子究竟有何珍异之处？烦请施主指点一二。”

胡商一笑，道：“这是日本国的龙蕊簪，是乌沉木

吴越国牡丹双凤对飞纹鎏金银盒　浙江省博物馆藏

精所制，百年难遇，价一万二千缗，其实是我捡便宜了。”

监院和众人又是一番惊叹，散去后犹自议论不已。

李景素见人群已散，便也走开了。

一个契丹人却趁人不备，悄悄跟在了波斯人身后。在波斯商人要登船离开时，拦住了他。

那契丹人从怀中掏出一个乌漆墨黑的铁罐来。

波斯商人接过，拧开铁罐的口子，看了一眼，惊诧地问：“猛火油？”

“正是此物。你可知哪里有卖？我们国主大量求购。”

波斯商人摇摇头，道：“这是禁物，我们不卖的。”

契丹人不死心，缠住了他，追问道：“大食人呢？你识不识得大食人？这猛火油不就是从大食运来的？”

波斯人还是摇头。

契丹人压低了声音：“我知你是做珍宝买卖的，并不差钱。我拿一条消息换你一条消息，如何？”

波斯人犹豫了。

契丹人又说：“这龙蕊簪你都出了一万二千缗，我却知有样物事，不在此簪之下。”

“什么物事？货在哪里？”波斯人果然见宝动心了。

“三日之后，高丽舶主王大世的船就该到杭州了。他船上有一宝物，名唤‘旖旎山’，以千斤沉水香制成，仿衡山七十二峰，峰上刻有佛陀、观音、罗汉等大小千百尊造像。闻之，香气缭绕；睹之，顿生出尘之感。”

“世上果有此奇物？”

“三日后，访高丽王大世便知。”

波斯人顿了一下，沉吟道：“你去西南方向二百里，睦州桐庐的榷茶场，桐溪之畔有家大食人开设的茶楼，自中唐至今已经营了近百年之久，大食商人都会去那里吃茶。”

契丹人拱手施礼，转身离去。

桐庐榷茶场的大食商人

荥阳郑君游说余，偶因榷茗来桐庐。……算缗百万日不虚，吏人从里唯簿书。眼前横制断犀剑，心中暗转灵蛇珠。有时退公兼退食，一尊长在朱轩侧。胡商大鼻左右趋，赵妄细眉前后直。醉来引客上红楼，面前一道桐溪流。……

——〔唐〕施肩吾《过桐庐场郑判官》

沉香、麝香、乳香、丁香、薰陆、甘松、青木、龙脑、蔷薇水、白檀、雄黄、苏方木、紫金膏、丹朱砂、凝脂、空青、诃梨勒、犀角、胡粉……澄源点数着即将发往日本国内的香料药品，一边计算着此行可赚多少钱，数十万缗总有的吧。

想不到，五年了，任务没有完成，却无意间积攒了不少财富。他放下算盘，轻轻吁了口气，往东方望去，神情有些惘然，也不知故乡的野花开了没，他在日本的恋人静子是不是已经嫁人？五年了，什么时候才能回去呢？

当初，他是奉了肥前国守护的密令，登上前往吴越国的大船的。那时还年轻的他，刚从乡下出来，木头木脑，看着人畜无害的样子。在受了半年的秘密训练之后，他便扮成日延和尚的随从，贩卖椤木，来到吴越国。上

龙井茶

岸一交卸完椤木，他便装作发了急病，辗转去桐庐医治，就此跟日延脱开身。等日延回国后，他才返回杭州城，开了一家香药店谋生。这香药有从江南本地采买的，也有从大食商人那里进购的。那些高鼻子深蓝眼的大食人，就是他在桐庐榷茶场养病时结识的。

桐庐是富春江与分水江两江交汇处，水路东接杭州，南下婺州，西通徽州，十分便利。加之此地早就有桐君老人煮茶的传说，久有采制茶叶的习惯。故而自中唐起，官府便在这里设立了榷茶场，成为江南地区茶叶的重要集散地。各地商贾都在这里交易茶叶，胡商也有不少。榷茶场繁盛时每天的交易额竟达百万缗之巨，就是如今，每岁的茶税也以万计。有些胡商就在这里定居下来。

桐溪江畔的红楼，有百余年历史，老板便是唐代最早来江南的大食商人的后人。红楼卖茶，更兼营酒菜，还有胡姬佐以歌舞，日日以建德二十四间卖花楼的鲜花点缀，端的是花团锦簇，生意越发兴隆。

澄源在红楼曾尝得各式菜肴，精致得让他不忍动箸。如玲珑牡丹鲊，将鱼以极高超的刀功片开，翻斗成牡丹形，熏制熟后，鱼肉微红，如同牡丹花初放。其余如鲈鱼脍、鳜鱼臛、天脔炙、蚌肉脯、鱼虾羹、蛤蜊炙、蝤蛑炙、乳酿鱼、加料盐花鱼屑等，数不胜数。牛乳做成的龙华饭、吴兴脔团糟也十分鲜美。在红楼的二楼靠窗处坐下，面朝桐溪江，以藤茶碗泡砌龙井茶，再来一壶梨花白，可以消磨半日时光，别提有多惬意了。若不是惦记着肥前国守护的秘密任务，澄源真舍不得离开。

澄源的任务是绘制吴越国杭州城的地图，并寻购一种名叫“猛火油”的物品。前一个任务他已完成。在日

鎏金阿育王舍利塔

延和尚带着吴越国王所赐金涂塔回国时，就差人把地图也带了回去。那金涂塔，澄源也曾亲眼看到过，四面铸成佛菩萨像，里面又安坐一个如枣核大小的佛像，并藏有《宝箧印陀罗尼经》。据说这种金涂塔造了八万四千尊，分发天下。日延带回日本的，只是其中一座。

澄源那间香药铺只是个幌子，自有伙计打理生意。五年来，他寻机走遍杭州的大街小巷、厢坊集市，更绕着罗城、子城走了个遍，从西南的龙山门，到北面的北土门、北关门、宝德门，东西两侧朝天门、竹车门、新门、南土门、盐桥门、西关门都一一标记。他发现杭州城真是个腰鼓形状，南北修长，东西狭窄，三山环抱，钱塘江、运河与西湖三水汇集，车船蔽天，米面万斛，绢锦如山，物资丰富到不可想象。如果说当年澄源对杭州的富庶只是模糊的印象，那么现在，他已经完全掌握杭州城的贸易规模，连岁赋都能猜得八九不离十。他估计，整个杭州城粮仓加起来，储存的粮食当够吃上十年。这样一座城，如何攻得破？

当然，以肥前国蕞尔之小，绝无攻打杭州的可能。澄源奉命绘制的杭州地图，不过是用来交易的谍报，日本真正的对手是新罗。杭州城内亦有不少的新罗商人。新罗人与吴越国交好，曾从吴越国买得猛火油。三十多年前，吴越国与吴国（南吴）海战，用铁筒喷泼猛火油，瞬间就着，用水一泼上去施救，火焰反而更加熊熊燃烧，十几艘楼船顿时化为灰烬。吴国大败。自那次海战之后，猛火油成了各国纷纷觊觎之物，到处打听何处可以购得。奈何猛火油在吴越国乃是禁物，而据传贩卖猛火油的大食商人也仿佛销声匿迹一般。澄源四处打听，都打听不着。

于是他又想起桐庐的大食红楼来。在那里，会不会有猛火油的消息呢？

澄源是个一有想法，就付诸行动的人。三天之后，他已经坐在红楼的厅堂里喝茶了。

之所以没有去二楼，是因为澄源想要看清这红楼里进进出出的每一个人。他选的这个位置，正对着红楼的大门口，自己却可以隐身在侧柱之后，完全符合澄源的要求。

那个契丹人一进红楼，澄源就注意到他腰间有个圆筒状的突起。澄源的心禁不住怦怦乱跳起来。

大食老板也注意到了那个契丹人，他让伙计把他请上楼。

吴越国银鎏金鹦鹉纹腰带　浙江省博物馆藏

澄源看不到契丹人，却紧紧盯着楼梯口，把每个之后上楼的人都记清楚了。

足足等了两个时辰之后，契丹人才从楼上下来。

澄源坐着没动。因为他记得，一个时辰之前，有两个大食商人也上了楼。这是唯一自契丹人上楼之后上去的两个大食人。又等了一会儿，那两个大食人也下来了。澄源便叫伙计来结账。

那两个大食人出了红楼便分开了。澄源犹豫了一下，跟在了其中一个矮个子的身后。那个矮个子的大食人沿着桐溪江往西走，绕过榷茶场，翻过一个小山丘，来到一排邸店门前，突然转过身，澄源躲避不及，被他逮了个正着。

那大食商人微笑着，道："跟了我那么久，不累吗？"

澄源支吾着说不出话来。

"你也要买猛火油？"矮个子的大食人问道。

“旖旎山”背后的猛火油

火油得之海南大食国，以铁筒发之，水沃，其焰弥盛。

——〔宋〕钱俨《吴越备史》卷二

高丽舶主王大世，选沉水近千斤，叠为旖旎山，象衡岳七十二峰。钱俶许黄金五百两，竟不售。

——〔宋〕陶穀《清异录·旖旎山》

波斯人挤在西湖南畔显严院前的人群之中。所有人都被挤得水泄不通。

波斯人终于看到了“旖旎山”的真面目。

高丽王大世，果然是做生意的高手。他赶进杭州城的那天，正是四月初八浴佛节。下船即在显严院前的香市上，搭了个棚儿，用绢幕合围，拿竹纸写了个招儿，上书五个大字：高丽旖旎山。下面又有一行小字：观者十文一次。众人便在绢幕布外排队，交了十文钱进去，只可观看一刻。若想再看，便得再付十文。进去的人心痒难耐，出来的人心满意足，如痴如醉。

终于轮到波斯人了。他整肃了一下衣冠，进去观看。一入绢幕，顿时闻见一阵阵的香韵若隐若现，香味中带着一丝丝凉甜。耳畔又响起了梵音袅袅，仔细辨听观察，才发现那绢幕之后有几个身影，那梵音竟是绢幕布后的人弹奏诵吟的。再定睛往前细看，只见正当中一张条案上，摆着一大块的沉香，背景刻成了衡山七十二峰，峰峦起伏，群峰之上，遍雕了诸天、菩萨、罗汉、三世佛等，雕镂刻画，活灵活现。饶是不信佛，波斯人被香味簇拥着，被梵音催颂着，又目睹这鬼斧神工，竟也差点跪拜下去。

待出了绢幕布，波斯人见排队的人群毫不减少，反而越来越多。也有人出来了，尚觉观之不足，又转身去排队的。波斯人离开人群，绕到绢幕后头，果然看见几个和尚在奏诵梵音。一个衣着华丽的高丽人，就站在和尚身侧，有几个仆从正替他端茶送水。

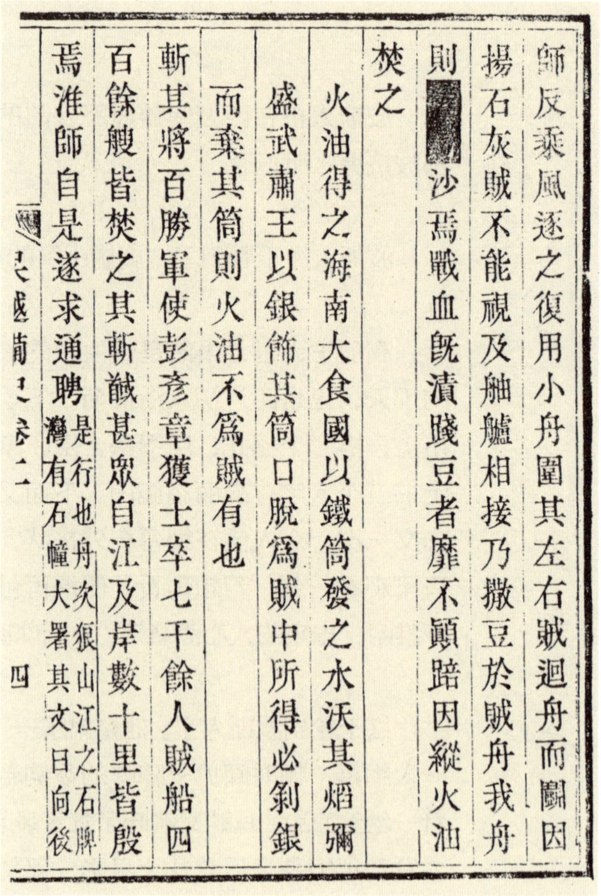
師反乘風逐之復用小舟圍其左右賊迴舟而鬬因
揚石灰賊不能視及舳艫相接乃撒豆於賊舟我舟
則[redacted]沙焉戰血既漬踐豆者靡不顛踣因縱火油
焚之
火油得之海南大食國以鐵筒發之水沃其焰彌
盛武肅王以銀飾其筒口脫爲賊中所得必剝銀
而棄其筒則火油不爲賊有也
斬其將百勝軍使彭彥章獲士卒七千餘人賊船四
百餘艘皆焚之其斬馘甚衆自江及岸數十里皆殷
焉淮師自是遂求通聘是行也舟次狼山江之石牌灣有石幢大署其文曰向後
吳越備史卷二　四

〔宋〕钱俨《吴越备史》载猛火油事

“王大世？！”波斯人唤道。

王大世转过来脸来。

“你这沉香造像卖否？”波斯人问道。

王大世摇摇头。

波斯人十分遗憾。

这时，一个吴越国官员，带着一小队亲兵过来了。

“你这沉香造像卖不卖？吴越王愿出三百金迎去供奉。”

王大世眼皮不易察觉地跳动了一下，说：“三百金？不卖。”

“那么四百金可卖？”

王大世还是摇头。

“五百金？”

王大世依然摇头。

那吴越国的官员本是颐指气使惯了的，不想在此碰了个钉子，脸色就不好看起来。

一个传令亲兵在他耳畔说了句什么，那官员强忍住了，鼻子里闷哼了一声，拂袖而去。

始建于吴越国时期的慧因高丽寺，位于杭州五老峰东南

“得罪了吴越国主，你的胆子还真是不小。”波斯人小声地说。

“怕什么？我这又不是使宅鱼。他吴越国是不会对胡商乱来的，光靠海外贸易的税收，每年就有百万缗之巨。”

波斯人知他说的是实情。使宅鱼，说的是吴越国开国国主钱镠性爱吃鱼，每日西湖捕鱼者须纳数斤。倘若一天下来捕得的鱼尚不及贡纳之数，渔民们不得不到集市买齐了再上缴，如此入不敷出，民怨沸腾。后来还是给事中罗隐写了“若教生在西湖上，也是须供使宅鱼”的诗句规劝，钱镠这才笑着罢了这使宅鱼。也是那国主性子好，不然……波斯人脸色一乌。

显严院前的人群又蠕动起来。一列车队从涵水西关门进城，正好碰上挤着看“旖旎山”的人群，便走不动了。那些车上都盖着黑布雨篷，里面货物堆得很高，却看不出装的是什么。一个身材高大的胡人从车队后纵马，向人群鞭打呼喝着。人群不得不逐渐散开。

波斯人辨认出，那是在桐庐的大食茶商。这个时候正是春茶上市，这运的是哪家王公贵戚的新茶？要不然，哪来的这么威风？

大食商人却不管那么多，依然起劲地鞭打人群。

正在候值的李景素看不下去了，一夹马肚子，催马上前，出手又稳又快，一把擒住了大食人正要挥鞭子的手腕。凭他市吏的腰牌，李景素要求查看放关公文与货物清单。

波斯人长吁了一口气，放下心来。

钱镠像

大食人却不买李景素的账：“你知这是谁家的货物吗？”

李景素有些心虚。

大食人从兜里掏出一块腰牌晃了一下。

李景素仿佛觉得眼熟，好像在孙宅大管家孙鉴身上瞧见过。李景素惹不起那些达官贵人，便往路旁退开了。

人群见市吏尚且败下阵来，知这车队惹不起，便自觉让出一条道来。大食人洋洋得意地赶着车队往东进城。

李景素望着车队的尾巴招摇着过去。他突然想到，孙都指挥使的大宅在城北，这车队可怎么一直往东？

李景素赶紧又催马跟上前去。

两天之后的傍晚，澄源如约来到朝天门的一家茶肆中。他做梦也没有想到，在杭州城找猛火油找了五年都找不见，等他从桐庐榷茶场兜了一圈回来，交割的地点竟在他眼皮子底下。跨过铁佛寺桥，走两步就到了这家大食人经营的茶肆。

刚跨进茶肆的大门，澄源与一个契丹人撞了个满怀。他二人满腹狐疑，彼此戒备地瞪视了一会儿。一个高大的大食人出来，笑容可掬地招呼他俩。

澄源揭开车上雨篷，码得整整齐齐的茶叶罐露了出来，便疑惑地望向大食人。

契丹人抓起一个茶叶罐，在耳边晃了一下，听得里面沉闷的水声，唇边现出一丝笑意。

“都卖给我吧。”契丹人说，“我出高价。”

澄源着急了：“我可是已经付了定金的，说好了一百斛。”

大食人说：“都有都有，都按说好了的。”

“你那一百斛顶什么用，不如都卖给我吧。”契丹人对澄源说。

澄源实在不喜欢那契丹人粗鲁霸道的样子，便不理他。

契丹人还是纠缠着：“我出双倍价钱，你那一百斛先让给我。”

“不行。”澄源一口回绝。

“都按先前说好的，价格、数量都是说好的。”大食人打圆场。

契丹人却高声说道：“我急用，都卖给我。双倍价钱。”

澄源一下子明白了。如今后周正在攻打南唐，契丹与南唐有盟约，南北夹击后周。这契丹人定是为南唐谋此猛火油而来，难怪说急用。可澄源身负五年的任务，眼见着即将完成，哪里肯让出这猛火油来。

大食人有点不高兴了，说：“都是朋友，不要争吵。

你已经够多了，少一百斛又算什么呢？下次，再给你多运些来就是。”

契丹人还是不肯罢休，口中突然冒出一串谁也听不懂的契丹语，抓着那茶叶罐的手激动地在空中舞动着。

大食人脸顿时白了，惊呼：“小心！”

茶肆的门被一队列兵踹开。跟着，一队甲胄分明的骑兵闯进茶肆后院。领头的一员大将身披铠甲，骑一匹高头大马，正是上直都指挥使孙承祐。李景素紧随其后。后院高墙上，一圈精钢劲弩的箭头正对准院内，在夜色中闪闪发亮。

澄源、大食人和契丹人都站住了。契丹人见势不妙，将手中茶叶罐猛地往车上一摔，一丝火星冒了出来，“哗”的一声全燃着了。

所有的人都开始往后退。

孙承祐知道猛火油的厉害，忙踹马急驰，吩咐兵士们也赶紧撤。

当所有人刚跑出后院，整个后院已经腾起了大火。

澄源和大食人、契丹人跑散了，他一口气跑上吴山，又沿着吴山往凤凰山方向跑。

风是往南吹的。从山上往回望时，大火已经蔓延到牙城，朝天门内的民舍府衙都笼在火光之中了。

孙承祐已经慌了手脚，他只说擒住走私猛火油的胡

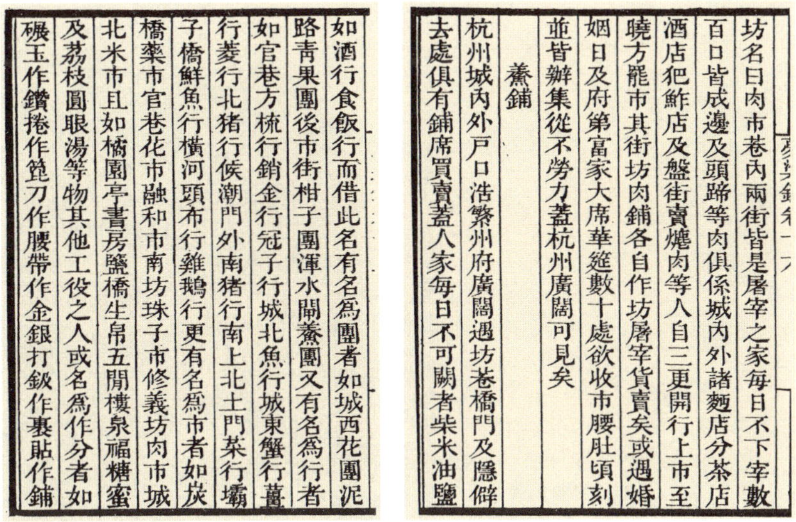
如酒行食飯行而借此名有名爲團者如城西花團泥路青果團後市街柑子團渾水閘鯗團又有名爲行者如官巷方梳行銷金行冠子行城北魚行城東蟹行薑行菱行北猪行候潮門外南猪行南上北土門菜行壩子橋鮮魚行橫河頭布行雞鵝行更有名爲市者如炭橋藥市官巷花市融和市南坊珠子市修義坊肉市城北米市且如橘園亭書房鹽橋生帛五間樓泉福糖蜜及荔枝圓眼湯等物其他工役之人或名爲作分者如碾玉作鑽捲作篦刀作腰帶作金銀打鈒作裹貼作鋪

坊名曰肉市巷內兩街皆是屠宰之家每日不下宰數百口皆成邊及頭蹄等肉俱係城內外諸麵店分茶店酒店犯鮓店及盤街賣爊肉等人自三更開行上市至曉方罷市其街坊肉鋪各自作坊屠宰貨賣矣或遇婚姻日及府第富家大席華筵數十處欲收市腰肚頃刻並皆辦集從不勞力蓋杭州廣闊可見矣

鯗鋪

杭州城內外戶口浩繁州府廣闊遇坊巷橋門及隱僻去處俱有鋪席買賣蓋人家每日不可闕者柴米油鹽

〔宋〕吴自牧《梦粱录》载团行（即市肆）、肉铺

商，虏获外国间谍，是大功一件。万不料那契丹人铤而走险，想用猛火油把大家都葬身火海。对付猛火油，实在是毫无办法。孙承祐这时候，既没有抓住胡商间谍，也没能控制火势，只凭着一腔忠勇，赶紧叫姐夫吴越王出宫到都城驿避险。

澄源辨清了火势方向，跌跌撞撞在山中逃窜了一夜。天色已亮，火势仍然未消，眼瞅着就要烧到城南凤凰山上的镇国仓了。他实在是跑不动了。

山上却来了无数的吴越国士兵，他们正在沿着凤凰山腰拼命地砍树。澄源眼前一亮，这是要砍出一条隔离带来啊。他顿时来了力气，也加入了砍树的行列。

是夜，大火烧尽了杭州城一万七千余户。[1]吴越王钱俶登瑞石山，洒酒祷告，命百官赈灾。后周亦遣使赍

①据《十国春秋》卷八一《忠懿王世家上》，显德五年（958）四月，临安大火从城南烧起，延至皇宫，第二天“伐林木以绝其势”，方止。

吴越国王钱俶告水府文银简　正面刻吴越国王钱俶二十三岁告水府文，纵十行，简文内容是祈求风调雨顺，国泰民安　浙江省博物馆藏

诏抚问，赐诸将士军帛被三万。

澄源再没回日本，留在了杭州城热闹的集市里。二十年后，太平兴国三年（978），吴越王钱俶向他年轻时在五台山结识的赵匡胤纳土归降，把一个富庶繁荣的杭州完好无缺地带进了宋朝。

参考文献：

〔晋〕刘昫等：《旧唐书》，中华书局，1975 年。

〔清〕吴任臣：《十国春秋》，中华书局，1957 年。

〔宋〕薛居正等：《旧五代史》，中华书局，1976 年。

〔宋〕欧阳修等：《新五代史》，中华书局，1975 年。

〔宋〕王溥：《五代会要》，中华书局，1985 年。

〔宋〕陶穀：《清异录》，中华书局，1991 年。

〔宋〕钱俨：《吴越备史》，《武林掌故丛编》本，清光绪二十一年（1895）丁氏嘉惠堂重刊。

〔宋〕李昉等：《太平广记》，中华书局，1961 年。

〔宋〕王明清：《玉照新志》，中华书局，1985 年。

谭其骧:《中国历史地图集》，中国地图出版社，1982 年。

何勇强:《钱氏吴越国史论稿》，浙江大学出版社，2002 年。

周祝伟：《7—10 世纪杭州的崛起与钱塘江地区结构变迁》，社会科学文献出版社，2006 年。

茹静文：《论隋唐五代时期的杭州城》，硕士学位论文，浙江大学，2015 年。

第四章

好一场皇城之筵

绍兴八年（1138），仓皇逃到江南的宋高宗赵构宣布，以临安为行在所或行都，临安从此正式成为南宋王朝的国都，杭州开启了都城时代。自古繁华的钱塘，从偏安东南一隅，一举成为全国的政治、经济与文化中心。绵延至宋的商业经济也于此时攀上了顶峰。自唐末开始坊市合一，民居中开出了各式商铺，越是人多，商铺越多。到了南宋，人烟稠密处集市更为繁盛，当时的临安城内“自大街及诸坊巷，大小铺席，连门俱是，绝无虚空之屋”。富庶奢华自不消说，更重要的是，出现了十余家专业市场，甚至还出现了专门的租赁市场与服务机构，一切生活事务皆可以通过市场分工解决。四司六局就是专门负责替人排办宴席、迎应接引、摆设装点、执役差事的机构。所有麻烦辛劳的杂事，都可雇人为之，自己乐得轻松。故时人有云：“烧香点茶，挂画插花，四般闲事，不许戾家。”

菜蔬局的早市抢购

坝北修义坊，名曰肉市。巷内两街，皆是屠宰之家，每日不下宰数百口，皆成边及头蹄等肉，俱系城内外诸面店、分茶店、酒店、䋽鲊店及盘街卖爊肉等人，自三更开行上市，至晓方罢市。

城北鱼行、城东蟹行、姜行、菱行、北猪行、候潮门外南猪行、南土北土门菜行、坝子桥鲜鱼行、横河头布行、鸡鹅行。更有名为市者，如炭桥药市、官巷花市、融和市南坊珠子市、修义坊肉市、城北米市。且如橘园亭书房、盐桥生帛、五间楼泉福糖蜜，及荔枝圆眼汤等物。

——〔宋〕吴自牧《梦粱录》之《肉铺》《团行》

这一夜，菜蔬局杨司膳[1]竟不得睡。一更时，他勉强闭了眼，将已有菜蔬又细细盘了一遍，尚须新鲜采买的物事都已列了单子。这么盘着盘着，每隔一刻半会儿的，杨司膳又爬起，提笔在单子上添上几件。好不容易觉着再无遗漏，正在迷糊中，他却听得外面敲了三更的鼓，便即一骨碌爬起，立时带了底下一帮小厮，赶往修义坊、候潮门、浑水闸、崇新门、东青门等处大肆采买肉、鱼、鲞、菜等物。

①这里的“司膳”是菜蔬局负责人的临时称谓，与礼部司膳官不同。

再过不到五个时辰，安僖秀王府、万寿观使赵伯圭家的第三个公子——赵师垂的生辰宴就要开席了。多年前，赵三公子冠礼[1]时，杨司膳还只是菜蔬局的一个小管事，只负责像生件段的采买与簇饤摆筵。如今虽只是个寻常小生辰，他倒升了司膳，须得方方面面皆考虑周全。如今临安城繁华似锦，集市如云，铺席连天，所缺物事，样样可以买到。便是外郡没有的东西，也几乎能顷刻间觅得。人人都说：凡合用之物，一切赁至，不劳余力。虽广席盛设，亦可咄嗟办理。可这不劳余力，咄嗟可办，还不得靠着他们四司六局的人劳心劳力？

但有府第公私大小宴，都少不了四司六局[2]的人操办。一个未能尽心，出了纰漏，若主家宽大好说话，笑责两句也就过去了。若是不依不饶，罚俸责打还是小事，丢了差事才是大麻烦。就连民间宴请，大到豪富之家，小至中等寻常之家，也都请了茶酒司来应承一切杂事。真真是无需一点劳动，即可享用现成。只苦了他们这拨子人，跑断腿，费尽力，还未见落好。

牛羊司巷

①冠礼，古代男子成年时（二十岁）加冠的礼节。
②四司六局，即账设司、厨司、茶酒司、台盘司和果子局、蜜煎局、菜蔬局、油烛局、香药局、排办局。

采买鲜肉鲜鱼是大头，且得赶早。大瓦子即坝北修义坊的巷内，正是临安城的肉市所在。巷内街道两旁，密密匝匝，都是屠宰之家，每日要宰杀不下数百口肉食之物。交三更时分，肉市已开，各家屠宰的大屠夫掌案。那肉案每日都擦洗得光洁，大屠夫身着一件白衫罩子，执着磨得锃亮的屠刀，看准了一刀下去，那猪豚立时毙命，几个助手立马上前，即给放干净血。只见刀光上下翻飞，须臾间，一头大猪就被片成了一扇扇成边、头蹄、腰肚等肉，悬挂在簇新的架子上。

每家肉铺从三更时分开始宰杀，足足要卖两个时辰。各铺所挂边猪，不下十余边。若是冬季两节时分，更是得宰杀数十头之多，还不够卖的。削下来的皮骨则被诸家起店收走，分门别类，批发转售，每袋起价七十文，拿去零售可卖九十文，每袋倒有二十文的赚头。

至于那上好的片肉和头蹄，每每若是下手晚了，这边厢大屠夫刚割裂完，那边厢一众屠夫马上瓜分完毕，分别拿去城内外诸家街坊面食店、分茶店、酒店、犯鲊店等处，也有分去盘街叫卖的。到五更天亮破晓时分，修义坊肉市已然罢市，只剩下些边角料待人收拾了。而到饭前工夫，这剩下的肉骨也都尽数售完。虽则各街坊亦有小肉铺，也各自屠宰作场，供邻里日常买卖，但赵府这场宴席，不比寻常，须供上万人，千张台面，几千斤肉，岂是街坊小肉铺供应得起?

你道万寿观使赵伯圭是哪位？那是当今皇帝的亲兄长。众所皆知，太上皇赵构唯一的儿子元懿太子赵旉，在苗刘之乱中惊吓成病。元懿太子薨后，赵构便于绍兴二年（1132）选了太祖六世孙、直秘阁赵子偁的次子——六岁的赵伯琮——养育在宫中。三十年后，赵伯琮改名赵昚，被立为皇太子。不久赵昚即位，就是今上。赵子偁却早已在绍兴十三年（1143）致仕，次年卒于秀州。今上被立为皇太子后，赵子偁便被加赠太师、中书令，又追封为秀王，谥安僖。

秀王府就在纯礼坊众安桥旁，紧挨着太上皇后的母家吴王府，是御街上极热闹的地方，与宗学和下瓦子隔桥相望。官家侍太上皇固然至孝，但赵伯圭却是官家唯一的同母兄长，亲得不能再亲。加上他为人谦和，颇具才干，知台州、明州十年，降葛明，擒倪德，安抚其伙，扫平海寇，以功勋擢升，最让人敬服不过。官家对他也是恩宠非凡，乾道八年（1172）起，累升显谟阁、龙图阁、端明殿学士。还是赵伯圭自己屡求闲退，这才离郡改任，到淳熙三年（1176）九月，终于加开府仪同三司，充万寿观使，略得清闲。

赵伯圭子息繁茂，共育九子六女，长子师夔[1]早在隆兴元年（1163）就外放台州，为官清廉，现今已直龙图阁，迁浙西提刑。次子师揆[2]先后在湖、婺二州任职，才干卓著，升任江东提举。秀王府做寿的三公子师垂，杨司膳曾在多年前的冠礼中远远望见过，也是个玉树临风的风流人物，书画两佳，刚封了郎官步入仕途，也如他父兄一样前程远大。因此这秀王府的宴席，哪怕只是个小生辰，哪里是寻常人家比得？

为秀王府宴席采买菜蔬，杨司膳决不敢怠慢。不但因为秀王府的特殊地位，也因为赵家上下皆谦和有礼，出些小纰漏，不但不见责，反而宽语安慰。一场宴会下来，额外的赏赐也比别家丰厚。杨司膳承办过那么多家官府春宴、同乡会、鹿鸣宴、同年宴、寒食清明端午重阳等圣节宴，以及祝寿、弥月、满散等公私宴会，都没见过如秀王府般大方的红包，因此大家也就格外尽力。

①《宋史·赵师夔传》载："除直龙图阁，迁浙西提刑，改江东运判。"又《吴郡志》卷七载，赵师夔，淳熙三年五月十八日到任浙西提点刑狱。

②《宋史·赵师揆传》载："浩言其聪爽可任。召对，除江东提举。"又据《宋会要·职官四八·县尉篇》"淳熙三年八月六日"条，赵师揆时任江东提举。

预先准备的冷菜前几日都已采买好，早交付给厨司去做。今日采买的都是要新鲜现做的原料。临安猪豚多由秀州府供应。须得选不大不小的：太大了，油膘多，肉也老渣；太小了，又不出肉。宰杀放血更得处理得干净，不能有腥臊味。杨司膳在修义坊肉市上溜了个来回，观察各铺大屠夫的手法，早已将利落的那几家圈定，讲好价钱后，但命小厮分头捆扎装车，搬运了百余边猪[1]及上好的头蹄、腰肚，让他们即送往府内，付予厨司按部位分切，炮制细抹落索儿精、钝刀丁头肉、条撺精、窜燥子肉、烧猪煎肝肉、旋鲜爆肉等不一而足。

买定猪肉，杨司膳并不停脚，而是直往肉市里面而去，顶头有几家专宰杀羊肉的店铺。富贵人家的宴席，这羊

〔明〕仇英《清明上河图》中桥头边的肉店

①边猪，已屠宰、开边的猪。

肉是断少不得的。从前羊肉都只在宫中御厨烹饪，一日需杀几百头羊。如今临安虽放开了，也只有富贵人家吃得起，且若在席上羊肉少了，或是烹得不到位，不免被人耻笑。好在蒸软羊、鼎煮羊、羊四软、酒蒸羊、绣吹羊、盏蒸羊、五味杏酪羊、羊杂熓、入炉炕羊等都须费工夫熬煮，厨司昨儿下午即已开煮。而千里羊、羊头元鱼、羊蹄笋、细抹羊生脍、改汁羊撺粉、细点羊头、鹅排吹羊大骨、大片羊粉、红羊羓、元羊蹄、米脯羊、五辣醋羊、熟羊、羊炙焦、羊血粉等，还须现配买了鲜鱼、鹅排诸物来现做，故今日再购入数十只羊也就够了。

羊店有专宰绵羊的，也有专卖山羊的。羊店之羊多数从越州贩送而来。越州羊引进的北方红羊品种，不似别处的南羊吃了易犯气。前些年，越州羊贩往临安运羊，在钱塘江上过西兴渡时，将羊置于船板之下。谁知这羊在舱下嫌气闷，便不停用嘴啮咬船侧板，竟将好好的船板生生给咬漏了，结果一船羊与人溺死不少，搞得如今越州贩羊，都不敢再将羊放在船板之下。羊贩时时盯着那群羊，要防备它们啮船自溺。结果歪打正着，羊因透气而鲜活，越州羊越发雄霸了临安肉市，人皆非越州羊

江涨桥新颜

江涨桥旧影

不食。幸好今日要的量不多，杨司膳选定了数十只上好的越州羊，又让小厮搬运装车。

鹅鸭倒是便宜好购，都城的人个个都爱吃鹅，就是取其便宜易得。银钱一枚，可购鹅一对、鸭两对。那宰鹅的贩子曾说，临安城日屠百鹅。杨司膳吩咐手下一个可靠的管事，分拨几个小厮，去往安国坊内延定坊前鹅鸭桥下买几十对鸡鸭鹅来，并叮嘱切记要好生挑选，万不可买回塞过沙的鸡、吹了气的鹅来。若有其他野味，也可适量购入。

杨司膳自己却领着余下的人，换了船往北直接出城，去往余杭门外江涨桥、黑桥鱼市处，赶着购买鲜鱼。如江珧炸肚、江珧生、蝤蛑签、姜醋生螺、香螺炸肚、姜醋假公权、糟羊蹄、鹿肉、糟蟹、酒蛤蜊、猪肚假江珧、酒浸江珧、章举、蛎肉、鲎酱、糟决明、龟脚、烂蒸大片、羊擸、熏腰肚等，俱已准备妥当。唯有这鲜鱼，不得不当日现买。

杭城人无日不吃鱼，城南城北有多个鱼行：鲜鱼行在候潮门外，蟹行在崇新门外南土门，鲞团在便门外浑水闸头，亦名南海行。余杭门外的湖墅鱼行则是从江淮等处沿运河而来的江鱼，必得买鲜活的，送厨司现杀才好。

湖墅鱼市分布在黑桥、水冰桥、江涨桥一带，沿河而下，一路皆是鱼铺。每家铺店的房基都往外挑出，筑在水中，家家都建有自己的埠头，有雕成如意、寿桃、象鼻、犀角、梅花、芝草等形状的缆船石，供渔船系缆停泊。还有的雕成瓶里插三支戟，或笔加金锭，取瓶生三戟（平升三级），必定如意等吉祥之意。

鱼市都是夜间上货。黄昏时分，就有载满鱼蟹的渔舟陆续入港。各家冰鲜鱼行每每雇了人专门敲锣，将大锣挑扛在肩上，另一头挂一盏大灯笼，上写着所属冰鲜鱼行的字号。有一条渔船，就敲一下锣；两条渔船，便敲锣三下。鱼行里听数着锣声，便知有几条船到，好着手准备收货。入夜之后，越来越多的渔船到达，船上渔灯蟹火如点点繁星，聚拢在江涨桥一带的桥头船埠。[①]船头接着船尾，挤挤挨挨，与岸上渔行的灯笼交相辉映，照亮如昼。而宽阔黝黑的运河水面上，仍有数十百枚繁星，还在摇曳赶来。

渔船中满舱俱是活蟹鲜鱼，鱼鳞锃亮，蟹脚张牙，不安分地在舱中跳腾攀爬。鱼行半夜上秤收货，到第二天清晨再由各路鱼贩行销城内。杨司膳赶到时，湖墅鱼行已在出货，他加紧脚步，要在鱼贩之前截取鲜货。鱼的品种极多，鲈鱼、鲤鱼、鲥鱼、青鱼、鲂鱼、鳣鱼、黄颡、石首、黄鳝、江鲟等应有尽有，其他水产如虾、蟹、螺、蛎、决明、蛤蜊、江珧、蚶子、白鳗、青鳌、黄鼋、黑蟹、花蛤、车蛾、淡菜等也是堆积如山。杨司膳一边看定江鲜品种，一边盘算着哪些可清蒸，哪些可煎炸爆炒，或生脍、腌腊、酒酿、羹汤，或制鱼片、鱼丝、鱼茸等，如江鲟之醢、石首之羹、蛙白肖鸡、螺辛类芥等，

①此景后人称“江桥渔火”，又叫“江桥暮雨”，是明清“湖墅八景”之一。

都是席上必备的。就这样边走边看，买定了数十种鱼鲜，让鱼行都用冰伴着，仔细搬至船上，准备运往秀王府。

杨司膳却还是皱着眉。鱼行老板小心问道：“可是在寻什么稀罕品种？”

杨司膳慢条斯理道：“密州鳆鱼、淮白鱼、鲻鱼可有？”

那老板笑逐颜开，道：怎不早说？别处有没有不敢说，既是到了此间，怎会让您空手回去？”说话间，他便引着杨司膳来至里间小池，只见几十条淮白鱼、鲻鱼正在小池中摆尾畅游，几十只鳆鱼沉在池下做龟缩状。

这鳆鱼、淮白鱼、鲻鱼都是皇亲贵族所爱。人言白鱼食雪乃肥，且须用淮水煮之；若用江南水，则味道相左，大为不美。杨司膳前日就已打发人蓄买了一缸淮水，正为着做酒炊淮白鱼。而鲻鱼难得有大的，这池中的却都有一尺多长。太上皇还在位时，显仁太后曾与秦桧夫人闲聊，说起近来鲻鱼大者绝少。谁知秦夫人头脑一热，脱口而出说道：“我们家有大的，明日给太后送一百条来。”秦夫人回去说了此事后，秦桧一听就说坏事了，连夜与馆客谋议。第二天，却让秦夫人给显仁太后进了百条青鱼。显仁太后一见，不觉拊掌，说：“我道这村婆子没见识，果然，竟将青鱼当成了鲻鱼。”秦桧狡黠如此。

杨司膳见这小池中的淮白鱼、鲻鱼与鳆鱼大喜，也不计较价钱，叫都送进府里。鱼肉都有了，杨司膳那颗悬着的心这才放下大半，却来不及喘口气，就急着赶往东青门外、坝子头的菜市买新鲜蔬菜去。

丰乐楼细品数十种美酒

开煮迎酒候所，有十三库、十马、上马。每库有行首二人，戴特髻，著乾红大袖；选像生有颜色者三四十人，戴冠子花朵，著艳色衫子；稍年高者，都著红背子，特髻。……专知各反（支）犒赏官会银碗匹帛。官员子弟沿路用人托诸色果木蜜煎劝酒。

——〔宋〕西湖老人《西湖老人繁胜录》

酒楼：和乐楼（昇旸官，南库），和丰楼（武林园，南上库），中和楼（银瓮子，中库），春风楼（北库），太和楼（东库），西楼（金文西库），太平楼，丰乐楼，南外库，北外库，西溪库。已上并官库，属户部点检所。每库设官妓数十人，各有金银酒器千两，以供饮客之用。每库有祗直者数人，名曰下番。饮客登楼，则以名牌点唤侑樽，谓之点花牌。

——〔宋〕周密《武林旧事》卷六

茶酒司，又称宾客司，专掌客来时敬茶汤、斟酒、上食、喝揖诸事。刘尚酝负责其中的买酒事宜。听着简易，实则亦大有门道。自接了秀王府的差事，一个多月以来，他已在京中各大酒库转悠过多回。

杭人爱酒，自北宋起，杭州酒务每年可卖酒一百万瓶。每瓶一升，一百万瓶就有十万斗之巨。倘若倒进钱塘江，恐怕连这一江水都能换成酒了吧！刘尚酝这么想。宋熙宁年间（1068—1077），杭州的年酒税额已达三十万贯以上，熙宁十年（1077），更是高达499347贯，近五十万贯。难怪苏轼说：“天下酒税之盛，未有如杭者也。”[①]如今，临安之酿酒卖酒，又比北宋更翻番了。绍兴年间（1131—1162），户部报西湖制酒曲每岁高达百余万斤，若以1∶2.5的出酒率计之，一年临安仅官酒库所酿即高达二百五十万斗左右，更别提数量只多不少的民间酿酒了。怪不得俗语有云：“欲得官，杀人放火受招安；欲得富，赶着行在卖酒醋。”[②]

卖酒既是这般好利，官营酒库遍地开花。城内有十三座官营酒库，都隶属户部点检所。钱塘门外船亭南有钱塘正库；钱塘县前有钱塘栈库；鹅鸭桥北正对着醋坊巷口有北新库；西桥东有煮碧香库；礼部贡院对着祥符桥东有藩封栈库。原来这酒库有正库、栈库之分，正库自酿，栈库自身不酿酒，只存外地所酿的酒。藩封是常州府无锡县西北十八里的一个小镇，此处有临安府点检所提领的藩封正库，城内的藩封库则是存放藩封所酿之酒的栈库。

此外还有南外库、北外库和西溪库等等。点检所还在城外安溪、余杭、奉口、解城、盐官、长安、许村、临平、汤镇设有九个小酒库。

诸官酒库都兼营着大酒楼。东库有太和楼，在崇新门里太和桥东；西库（金文正库）有西楼、太平楼和丰乐楼，都在丰豫门外；南库有和乐楼，在清河坊南昇阳宫前；北库有春风楼，在鹅鸭桥东；中库有中和楼，在众乐坊北银瓮子巷；南上库有和丰楼，在睦亲坊北武林园。北外库有春融楼，在左家桥北；钱塘正库有先得楼，在钱塘门外船亭南。

其中最大的还得数丰豫门外的丰乐楼，只因挨着西

①〔宋〕苏轼:《杭州乞度牒开西湖状》。
②〔宋〕庄绰:《鸡肋编》。

湖，在千峰连绵之中，可高览一湖碧水，故又名耸翠楼。寻常酒楼不过二层，丰乐楼却建了三层。其二楼以上皆有栏槛环绕，每间小阁都可凭栏望湖，只见柳汀花坞，草木亭榭，游桡画舫，湖光山色，映带左右，俱在眼前。往往船上与堤上的欢歌笑语汇合在一起，声入云霄，传至楼中。

一个月前，刘尚酝选着风和日丽的一天，来试尝丰乐楼所酿春酒。一进门，便向袛直摆手，推开点花牌，表示不须官妓陪酒侑樽。那官妓便识趣地退在一旁，等待下一位客人去了。这些个官妓，刘尚酝早在每年两次的开沽仪式上熟见。

〔元〕夏永《丰乐楼》，右上题南宋林晔德的《丰乐楼赋》，此画下部仍见丰豫门及城墙，足见还是南宋时的景象。故宫博物院藏

酒库每岁二酿，寒食所煮者为春酒，中秋开沽者为秋酿。临安十三官库开酿之时，用文思院所织绫罗，写了告示大肆张贴。而各库的官私妓女，社队鼓乐都在紧张地准备开沽仪式的排练。

到了正日子那天清晨，各库队伍衣装鲜艳，整齐列队，前往校场检阅。每队之首，有三五人扶着一大长竹竿，上悬三丈余高白布做的布牌，白布上写着“某库选到有名高手酒匠，酝造一色上等酴辣无比高酒，呈中第一”。布牌之后，是乐官携着大鼓等乐器，吹打热闹。紧随其后，便是担着各库样酒的队伍，样酒坛都用红绸扎绑，宛若新人一般。样酒之后，排喧着八仙道人、诸行社队，有鱼儿活担、糖糕、面食、诸般市食等盘街叫卖的货郎，亦有车架、异桧奇松，渔父、出猎、台阁诸社。

再后面几个精致女童拿着琴瑟。妓家几个仆妇，也穿妆成一朵锦绣花团，手中还擎着花篮和精巧的笼杖，在前开导。正牌妓家戴着簇新冠梳，穿着前后开胯的花衫子旋裙，骑跨于高头大马之上。其中颜色姣好、颇有艳名的，更是戴了一头的翠朵玉冠，衣带上也满嵌珍珠，身着销金衫、黄罗银泥裙，手中或执花斗鼓，或捧龙阮琴瑟，犹自演奏不止。

妓家也有所谓行首。每库二人，年岁稍长，穿着大红褙子，梳着皂时髻，所骑马匹都用银鞍绣妆装饰，全是雇赁而来。就连其后跟随的宅院诸司、虞候、押番也是雇赁而来，好显得威风凛凛。也有一起浪子闲人，各执青绢白文扇马杌，引马追逐前后。最后面才是酒府专知官，都穿着新巾紫衫，骑马缓缓而过。

酒库开沽典礼，当真是妓家的主场。但见这热闹的队伍喧腾迤逦，所到之处，风浪少年，殷勤劝酒，献送点心。甚至一些年长者，也不顾脸面，学那少年所为。旁观的人无不哂笑，他也不知羞耻。直至鹅鸭桥北酒库，或到俞家园都钱库，这才收了布牌，散了队伍。诸家酒楼则结彩张灯，开门纳客，请游人随意品尝新酒。

各酒库的开沽仪式，刘尚酝照例也是参加的，更知那丰乐楼官妓中，颇有几个出挑的头牌。若是平常时节，刘尚酝不免叫一两个陪伴，但秀王府筵宴须格外谨慎。刘尚酝屏退众妓，径直上了三楼。

原来那酒楼座次亦有讲究，一楼大厅都是普通酒客，供应便宜酒菜，唤作“门床马道”。酒力高的，则以山头为名，一山二山三山，倘若酒力不胜，万不敢上楼饮酒，免得届时出丑。

上了三楼之后，刘尚酝择了一个大圆桌坐定，挥手让酒博士将先上的“看菜”撤了。这看菜原是迎客所用，客人一进酒楼，先递上两样。客人也不当吃它，只有点菜之后，换了高级菜品，方能正式动箸。举杯之后，再换细菜伺候，繁琐如此。无论客人索要或热，或冷，或温，或绝冷，精烧爊烧，店中都能一一满足。有那外地客人不知这规矩，见桌上看菜就下箸吃起来，不免被人哂笑是乡下人进城，未见过世面。

刘尚酝从容对着酒博士报出数十种酒品名称，把那酒博士惊得张大了嘴巴立时愣在原地。那数十种酒名分别是：本地御库、三省激赏库殿司所产梨花酒、蔷薇露、流香、宣赐、碧香、思春堂、凤泉、玉练槌、有美堂、中和堂、雪醅、真珠泉、皇都春、常酒、和酒、皇华堂、爱咨堂等十数种，更有外地扬州琼花露，湖州六客堂，平江齐云清露、双瑞，东总的爱山堂、得江，江阃的留都春、静治堂，海阃的十洲春、玉醅，西总的海岳春，江东漕的筹思堂，秀洲的清若空，越州的蓬莱春，镇江的第一江山、北府兵尉、锦波春、浮玉春，建康秦淮春、银光，温州的清心堂、丰和春、蒙泉，严州的萧洒泉，常州的金斗泉，衢州的思政堂、龟峰，婺州的错认水，兰溪的谷溪春等数十种。

刘尚酝不怕丰乐楼拿不出这些酒品。丰乐楼是行在临安城最大的官酒楼，排场、气派都是数一数二的，焉有酒品不全的道理。只是酒博士从未见有人如此点酒法，真真把酒楼的酒品差不多都点全了，每样只要一斟，又不用下酒菜。

刘尚酝见那酒博士愣在原处，便微微一笑，道："怎么，没有吗？"

酒博士这才回过神来，忙拱手点头，连道声"有"，便进厨局向掌勺铛头唱名去了。那铛头也是先愣了会儿，这才一一安排打酒装盘，叫行菜的端上诸酒。

丰乐楼内被刘尚酝这么一点酒，登时热闹起来。每个行菜的右手高擎一件大银盘，盘中无菜，却是摆满了小瓷杯，杯中满盛各式酒品，从厨局向三楼如流水般递送。所过之处，一阵阵混杂的酒香熏得满楼俱醉。众酒客都伸长了脖子来看稀罕。刘尚酝却稳然高坐，毫不在意。

他一人占一个大圆桌，楼前的湖光山色都不在他眼中。待数十种酒品都上齐之后，先闭起眼通圈嗅了一遍，又睁开眼细瞧每杯中的酒色，将鼻翼微张，逐一细细辨别酒味，这才端起杯子，先闻味，再观色，小嘬了一口，到齿间咂滋味，最后方一饮而尽，又定神回味了小刻，再拿起下一杯。

［宋］赵佶《文会图》中宴饮场景

酒博士、行菜，以及周围坐的酒客都来看这刘尚酝饮酒。只见他一杯接着一杯，每杯之间顿上一顿，也不用下酒菜，竟一口气喝光了这数十种酒。人都没见过这样饮法，空着肚吃酒，且这数十种不同的酒下去，竟不在肚里做道场。那刘尚酝依然平静，只面色微绯，举止如常。众人皆在心中暗赞。

数十种酒喝完，刘尚酝唤酒博士过来。话说这筵宴配酒、上酒，都有讲究，女宾喝淡酒，少年喜烈，老成男宾求浓烈，开宴酒须清，酒至中旬转醇，收宴讲求回味。刘尚酝将这丰乐楼所存数十种酒都喝完之后，已有了计较。只见他此刻用手点着空杯，一一报出十余种酒名，说了各种酒所需的数量，和酒博士约定了日子送至秀王府。

酒博士边记，边看刘尚酝所指空杯，竟与所报酒名，丝毫不差。他平日里也自诩博闻强记，丰乐楼上上下下酒客所点菜名酒品，都能记得清清爽爽，向厨局唱名时从不出错。难得这个客官乃是指点着空杯，记忆适才所饮酒名，又远比自己高上一筹。

从丰乐楼出来，刘尚酝一路向东往城内去，先是经过了归家肥羊酒店，这家与省马院前莫家、后市街口施家、马婆巷双羊店等铺一样，专门零卖软羊、大骨龟背、烂蒸大片、羊杂熓四软、羊撺四件。过太常桥皇后宅后，和丰坊与怀庆坊沿街有张婆婆包子酒店，专卖灌浆馒头、薄皮春茧包子、虾肉包子、鹅鸭包子、四色兜子、鱼兜杂合粉、灌熝大骨、肠血粉羹、鱼子、鱼白之类。还有几家直卖店，门首挂着草葫芦、银马勺、银大碗，或是挂着银裹直卖牌，店门窄小，以竹栅布幕装饰，谓之打碗“角球店”，只零沽卖酒不卖菜。有那小家小户嗜酒之人，散买了两三碗去，只需几文铜钱。

曲院风荷御酒坊展示的“南宋酒文化”雕塑

又有卖梅花酒的，店肆内有人用鼓乐吹奏《梅花引》曲破，招徕生意。也有一等拍户，卖酒之余兼卖各种下酒，如血脏、豆腐羹、爊螺蛳、煎豆腐、蛤蜊肉之类寻常小吃，便宜味重，所供之酒也只求辛辣，都是下等劣酒。刘尚酝从不去吃，只为这种酒吃多了，会伤了味蕾，那他百杯辨酒的能力就会降低，今后还如何在茶酒司厮混？

大隐坊、安荣坊近吴山脚下，去朝天门不远，人烟渐稠，路两边各式酒店也颇具心思。有那宅子酒店，将那废旧的仕宦宅子修饰一新，或将门面装饰成仕宦宅舍模样，是一帮文人仕宦爱去之处。又有花园酒店，丰豫门外更多，城中也有，仿那湖畔花园馆阁装饰而成，最投诗人所好。

再往前走，见一家中等门面的酒店，挂着一盏红栀子灯，灯上覆盖着一顶竹箬。这天并未下雨，却为何盖

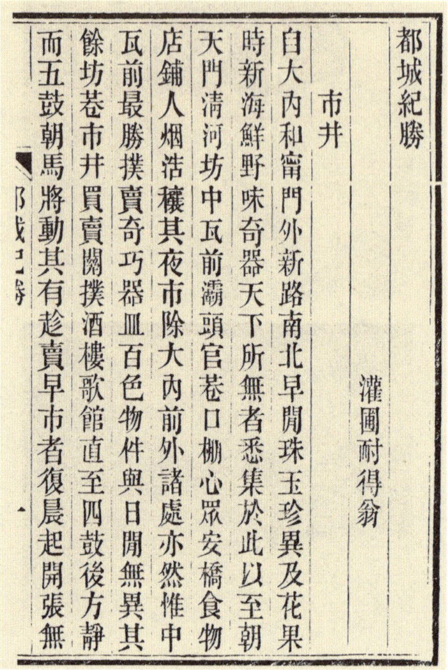
都城紀勝

灌圃耐得翁

市井

自大內和甯門外新路南北早閒珠玉珍異及花果時新海鮮野味奇器天下所無者悉集於此以至朝天門清河坊中瓦前灞頭官巷口棚心眾安橋食物店鋪人烟浩穰其夜市除大內前外諸處亦然惟中瓦前最勝撲賣奇巧器皿百色物件與日間無異其餘坊巷市井買賣關撲酒樓歌館直至四鼓後方靜而五鼓朝馬將動其有趁賣早市者復晨起開張無

都城紀勝

〔宋〕灌圃耐得翁《都城纪胜》记载的和宁门外市井风貌

竹箬？刘尚酝一望，便知这是家庵酒店，内有娼妓。酒阁中暗藏卧床，可以径在店内就欢。故此门首无论晴雨，皆挂栀灯竹箬为记。别看丰乐楼、三元楼等大酒楼都有官私妓女，但这些大酒楼的娼妓只是伴坐劝酒，与庵酒店自是不同。

又有三两个盘街的，挑着酒担，兼卖些熟肉饼饵，敲盏歌卖，向刘尚酝兜售。刘尚酝一摆手，那盘街的便知趣走开，向别处扑卖去了。

官营酒楼已点看过，却还未去民办的市楼。刘尚酝对临安城内的酒楼都熟稔得很。中瓦子前武林园的三元楼由康家、沈家卖酒，南瓦子熙春楼由王厨卖酒，新街巷口花月楼由施厨卖酒，融和坊嘉庆楼、聚景楼都是康家、沈家的脚店，金波桥畔风月楼由严厨卖酒，灵椒巷口赏新楼由沈厨卖酒，坝头市西坊双凤楼由施厨卖酒，下瓦子前日新楼由郑厨卖酒，等等，而且这些酒楼都有人陪酒。

武林园的三元楼是民间酒楼的翘楚。门首彩画浓艳，设两排红绿杈子，绯绿的帘幕，厅院廊庑间到处挂着贴金红纱栀子灯。一进门是长达一二十步的主廊，尽头处再分南北两廊，廊两侧各有十数个齐楚阁儿包厢。小阁中所用都是银制酒器，每阁有名妓着时鲜袨服，巧笑争妍，凭槛招邀。酒阁又有垂鬟小妓，上赶着伺候擦坐。

赶趁人在其间吹箫、弹阮、息气、锣板、歌唱、散耍，老妪香婆在贩卖小炉炷香，又有小商小贩担着食架，穿梭叫卖吆喝。一座酒楼之中，竟堪比官巷口五花儿中心还要热闹。只因这些贩卖所得，都与酒阁分账，祇直[①]才不阻拦。

刘尚酝不喜这些，觉得过于热闹，不能专注品酒。但他知三元楼颇有几样自酿的好酒，特殊风味，为官库所无，可做席间亮色，便不得不来选择一番。这大白天的，三元楼内却帘幕布低垂，反用灯烛荧照。数十位浓妆妓女在灯下凭栏，望之宛若神仙。刘尚酝却不为所动，直入内里，唤酒博士，叫把店里独酿的好酒摆出来。

①祇直，宋时对值班人员的称呼。

四司六局跑遍全城

自大内和宁门外，新路南北，早间，珠玉珍异及花果时新、海鲜野味、奇器，天下所无者，悉集于此；以至朝天门、清河坊、中瓦前、灞头、官巷口、棚心、众安桥，食物店铺，人烟浩穰。

——〔宋〕灌圃耐得翁《都城纪胜·市井》

官府贵家置四司六局，各有所掌，故筵席排当，凡事整齐。都下街市亦有之，常时人户，每遇礼席，以钱倩之，四司六局皆可致。四司者，帐设司、厨司、茶酒司、台盘司也。六局者，果子局、蜜煎局、菜蔬局、油烛局、香药局、排办局也。凡四司六局人祗应惯熟，便省宾主一半力。

——〔宋〕灌圃耐得翁《古杭梦游录》

帐设司李司帐专掌仰尘、录压、桌帏、搭席、帘幕布、缴额、罘、屏风、书画、簇子、画帐等一应杂务。其中诸多器具，帐设司原都备有。只是常年摆筵设席，轿子、布囊、酒器、动用、盘合、帏设、花担、酒担等诸物，多为人租赁使用，磨损陈旧了许多。既是秀王府筵席，全然换新过于铺张，但磨损太过的，总不能拿出来丢人现眼。纵使赵家宽仁不说，帐设司拿这样的东西铺设出去，自己却不免叫人笑话。往好里说，是帐设司办事不力。严重了说，则是帐设司轻慢皇亲，有辱官家。故而，这笔筵单哪怕是赔钱，也得仔细应付。何况这从官府派下来的差事，只消在结算时略打些浮费，早就赚够了。

自打半年前接下秀王府的筵单之后，李司帐就未曾好好歇过。先是盘点了能用之物，再则是列出须新添置的物什，此后更是样样亲自采买督办。

当李司帐为了采买裁制帐帏帘幕所用的布帛绫绢，走进少府监所属，余杭门外夹城巷晏公庙的绫锦院时，掌院堆满了笑出迎。待听得是秀王府的筵席所需，那笑脸就更堆得花团锦簇，忙巴结着引导李司帐去机房选看。

只见里边场院开阔，围着场院分成东西南北四厢，每厢有机房十余间，每间内摆织机二三十架不等。绫锦院自汴京南迁而来，各厢皆有分工，有绫、锦、克丝、纻丝、杜缂、缎、鹿胎、罗、纱、绢、绵、绸等数种，这数种之下，每样又分几种，光绫就分为柿蒂绫、狗蹄绫、白编绫、樗蒲绫等，纱有素纱、天净纱、三法暗花纱、粟地纱、茸纱等，罗又分为结罗、博生、暗花、金蝉等，结罗又分花结罗、素结罗等不一而足。机房内织工皆埋头在机杼上织造不停。

绫锦院共有织机三百架，工匠数千人。虽城内军头司桥前、北桥东的文思院设有绫作、缂丝作，宫廷内侍省后苑造作所设有罗作，殿中省后苑有御服所、丝帛所、腰带所，以及东库织染所，分去许多官府与内庭的织作任务。但因发放官俸，岁节赏赐，市舶司贸易，与日常物用市易的需求甚大，织工们每日织造，总还供不应求。看过机房的样品之后，李司帐十分满意，毕竟是官营作坊，质量上乘，无可挑剔，便拿单子出来，一一与掌院核对所需绢绫的种类与数量，掌院却是皱了眉不说话。

李司帐奇怪，问掌院究竟何意。

那掌院苦着脸道："如今内庭、三省六部、临安一

上：织机　　下：织布图

府两县、禁军诸般应支，绫绢院就是开足了马力，也难以满足所需。而大金的岁捐更是占了大头。实在不是不卖司帐您和秀王府的面子，绫绢院有自己的难处。这么着，我将可以腾挪出来的绢绫给您写上实数，不足之处只能请司帐另行想办法了。”说毕连连拱手致歉。

李司帐看掌院的神色，不似说谎，料他也不敢怠慢秀王府，便点头答应。

掌院提笔在单子上注明可供之货的品种、数量。李司帐见他写得仔细，便郑重叮嘱，让一个月之内到货，账房好雇人裁制。

那掌院顿时赌天赌地说道：“司帐这么说，便是不信我了。我要么不答应，但只要是这单子上应承了的货品，必定一寸不少地准时发货，绝不会误了司帐您的事。”

“那剩下的货品，你可知该去哪里采买？”李司帐问。

“司帐怎么糊涂了，我们官营的织院，上头皆有任务，又常有临时加派的，难以支绌。可那民间的织务，只要给足了价，哪里会买不着？”

南宋棉毯　毯面上有八十一枚开元通宝和北宋钱币排列成六个相互连接的菱形图案　浙江省博物馆藏

“那质量如何？”

“不比官作里的差！如今官作里的老成织匠，也有跳槽至民间织坊的，带动着技艺水平都提升了不少。像那丰乐桥侧平机坊周五家的，就聘了几位官作的老织匠。城东菜市桥、忠清巷一带的丝织早在唐朝时就已十分繁荣。近年来北桥文思院附近一带，更有新起之秀，因与官作有不少交流，质量可靠，纹样出新，有些官作所织都反而比不上它。”

李司帐心下大喜，他原是担心民间丝织的质量不够可靠，这才一径来到绫锦院。既是掌院都这么说，想来可以放心采买。民间修文坊生绢一红铺、市南坊沈家白衣铺、市西坊北钮家彩帛铺、水巷口徐家绒线铺、清河坊顾家彩帛铺、三桥街柴家绒线铺等，他也去看过，质量确实可靠。只是每家专营几样丝帛，花色品种远不够所需。

从绫锦院出来，李司帐从水路雇一小舟顺运河下行，入余杭门左拐，一路过淳祐桥、天水院桥，右折向大河仓桥而下，在北桥文思院上岸，往盐桥布帛市逛去。只见从北桥文思院起，至仙林寺桥、盐桥一带，除去两座大寺之外，俱是大大小小的丝织作坊铺子。有彩帛铺、白衣铺、头巾铺、腰带铺、丝鞋铺、绒丝铺、枕头铺、台衣铺等。这些铺子均是前店后坊的格局，后院织造，前门开店设铺。前店有掌柜店伙招呼，后作有老成行首领织，自产自销。一片机杼之声，与往来市帛之客的讨价还价之声，都混在一起，煞是热闹。李司帐极有耐心，一家家丝织彩帛铺看下来，真真是大开眼界。

原来民间的丝织竟比官营愈发精进巧思了。先进的脚踏缫丝车取代了手摇车，效率何止提升一倍。缂丝运用子母经的纬法，纹样立体，经纬织得更为牢固。而染了七彩颜色的纻丝，还可混织入金银丝，有织金、闪褐、闲道等多种花样。鹿胎花纹突起，色样不一，光丽可爱。有金银彩绘，甚至嵌玉装钿的，颜色绚烂，富丽堂皇，如同掉入销金窟。素净的色白坚密，轻匀的触若无物，竟是只有想不到，没有织不出，让人叹为观止。

也有铺子还代售外地丝帛，如於潜绵、平江绫、诸暨绢、嵊县强口布等。越州寺绫，出自善织绫的寺尼，故而得名，与平江绫齐名，并称吴绫。画家喜其密韧，多爱用吴绫作画。帐设司正要请画师新作些摆设的院画，李司帐便多订了数十幅。又订了唐绢百余幅，唐绢幅狭，可作帏头帏尾。再订绫纱罗各数十匹，分制帘幕、舆饰、屏风、画帐等物。仿制日本等国的兜罗绒也要了些，可作压帐摆饰。

李司帐的差事还未算完。既是司帐，不单是帐帏，更兼着摆设样件。从盐桥出来，李司帐过鹅鸭桥、众安桥，再折向南，直奔寿安坊内花市而来。这花市本是制冠饰的，连带着此地名也叫成了“官（冠）巷”。此处聚卖的花朵冠梳，都是奇思妙想，工巧至极，有飞鸾走凤、七宝珠翠、首饰花朵、犀玉冠梳、金银钗环、锦绣罗帛、销金衣裙、描画领抹，天下罕见的都可觅着。

其中苏家巷“二十四家傀儡”花作更是巧夺天工，精致绝伦。临安上元灯会的舞队，有大半都用的是这“二十四家”所制花朵珠翠冠儿。凡一上市，这些花冠便被抢购一空，节岁所用，都要提前半年预订。曾有一名妓，因未能如愿购得“二十四家”的花冠，竟赌气退出了舞队，连灯会也不参加了。齐家、归家花朵铺，马家、宋家领抹销金铺，盛家珠子铺，刘家翠铺和沈家枕冠铺也都出色。因制作高度发达，官巷花市又细分出方梳行、

〔宋〕马远《西园雅集图》（局部）

销金行、冠子行等行，分工更加专业化。

李司帐固不用买花冠头面，但花市不单卖冠饰，还卖用金银丝与珠翠制成的各式假花，与犀象、珊瑚、玳瑁、象牙、翠羽、琉璃共同制成的诸般雕饰，可作清供摆设。

李司帐逛着逛着，见到一对精巧灯笼，登时被吸引住了。那灯笼四面皆是雕版，刻成宫室、人物、山水、花木、禽鸟，其上细缕毛发，都纤毫毕现，内中点上香烛之后，还能玲珑活动起来。府中热闹中庭，摆上两对，岂不华奢。

〔明〕佚名《卖花图》

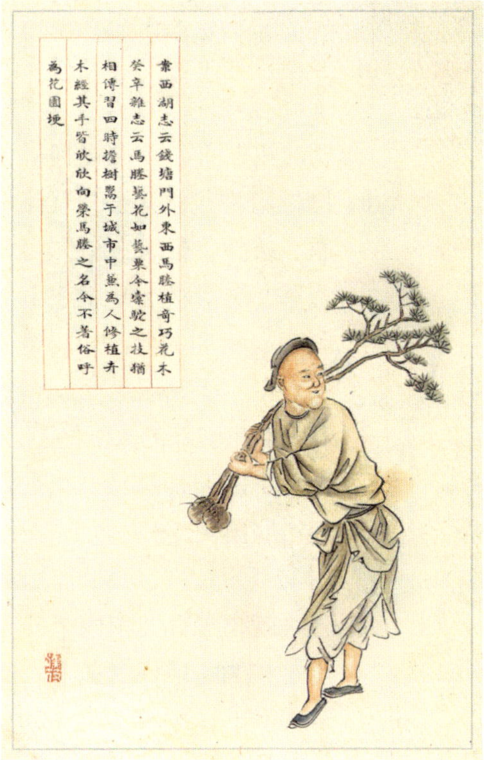

马塍艺花

待一问价，店主人察言观色，知她喜欢中意，竟咬定了五十金不肯让步。李司帐狠狠心买了下来，过后却着实肉痛。

又有绣制浮雕的大屏风，也以金银彩丝混绣成仕女花鸟模样，其中仕女仅真人一半大小，所戴珠翠，闹蛾、玉梅、雪柳，竟是实物所制，却也按比例缩小一半，越发精致可爱。更难得的是两面皆能成像，真真匪夷所思。李司帐捡其中新奇精致的摆设又订购了一些。

更要紧的，还须订些鲜花。鲜花市在城西马塍。此处花农莳弄花艺有一套“唐花”秘技，可使花卉提前开放。这秘技马塍花农代代家传，从无外泄。其中高手，不但可催开，亦能延后，使四季花卉按所需时日开放，神妙不可言。鲜花必须提前预订，若逢节岁，更得提前半年之久。

第二天，李司帐起了个绝早。到马塍时，花农们刚刚挑着鲜花筐儿，齐聚花场，有牡丹、芍药、棣棠、木香、荼蘼、蔷薇、金纱、玉绣球、小牡丹、海棠、锦李、月季、粉团、杜鹃、宝相、千叶桃、绯桃、香梅、紫笑、长春、紫荆、金雀儿、笑靥、香兰、水仙、映山红等争奇斗艳，异花怪桧，贵贱皆全。这些花卉一到，就被花贩、花树店来买花的人围住了，挑选其中的佳种，竟价贩鬻。挑剩下的普通品种，花农或是贱价让花贩收购，或是自己进城出卖。

既是预订，李司帐并不上前争抢，而是观察良久。将近午时，花场上花卉大多售卖完毕。李司帐向一个精神健硕的白须老头走去。她已然发现，这老者的花卉树木品种更多，造型也更加可喜，而为人更是朴实厚道。三言两语，攀谈之下，李司帐提出，要去老农所艺花圃挑选，竟被那老农一口回绝。乡下农人，见识不多，也不认得什么秀王府，只让李司帐说定所需花卉的品种、数量和时间，到时来取，定保无失。

李司帐转念想起马塍花农的莳花秘技，看来那花圃确实不方便让外人观赏，也就作罢。于是依言，将花卉品种、数量和时间报与老农，再三约定，这才离去。

自打半年前，秀王府起意给他家三公子师垂办生辰宴以来，四司六局的人就开始在临安城内外的各种集市间奔忙。因他家素来简朴，父子们又常年外放任职，故一切事务便托付给四司六局操办。而在四司六局那里，不过是寻常得不能再寻常的业务，日常都是做着极熟稔的。

香药局温尚药并不直接买用城内香药铺的现成诸香。太庙前许道士香药铺中所售龙涎诸香、沉麝笺檀，有大半都是假货。温尚药自去羲和坊药市择选占城的沉香、笺香、乌里香，三佛齐的龙涎、香药等，海南、罗浮的蕃香、藤头、香柏，以及木樨香、藏香、砌香等，又至范浦、笕桥一带的大药市购早绯、缀露、笕白芷、枸橘等回来。乳香更是朝廷禁榷之物，只有户部的专卖方能买到真货，价格自是不菲，每斤值十几贯。将这些原料都买齐了，温尚药自己蒸香、调香、制香，又做成香饼、香袋、香橼络儿、香橼坐子、画眉七香丸等。还把香药局的铜匙箸、铜瓶、卧鸭香炉、铜火炉等擦洗一新，预备着筵席那日熏香使用。

果子局祗应到候潮门内泥路的青果团，后市街的橘子团预订了泽州饧、陈州果、密云柿、洞庭橘、军庭李、蜜林檎、韩墩梨、建康枣、罗浮橘、永嘉黄柑、黄岩乳柑、越州樱桃、项里杨梅、秀州丑梨、广安紫梨，泉州荔枝，广东椰子、福州龙眼和太原葡萄等。

蜜煎局供奉去大瓦子的水果子、五间楼前周五郎蜜煎铺、中瓦子前钱家干果铺、兰陵坊水巷口阮家干果铺、杂卖场前戈家蜜枣儿等处采买各式干果蜜煎。油烛局整饬、添买了灯油、蜡烛、薪炭。厨司铛头在筵席前三天就开始蒸、爆、炸、煮、熏、卤、脍、炙。茶酒司去修内司官窑选器形端庄简朴、釉面莹澈的青瓷做装盘。排办局早就调齐人手，分派停当，前两天就开始洒扫、打渲、拭抹桌凳交椅等。

秀王府掌事则与四司六局的司膳、司帐、尚酝、尚药、铛头沟通往来，确定所需，就连中瓦子旁的金银交引铺，都跑进跑出不知跑了多少回，兑换金叶子、银铤、会子等，用来预付数量巨大的定金。

没有人知晓，秀王府寻常一顿筵席，究竟花费多少。而皇亲贵戚中，秀王府还算是挺简朴的。临安城上至豪富，下至小康，凡吉凶筵会之事，都雇请茶酒厨子，烧香点茶，挂画插花，都无须费心，一赁可得，省便享受。

赵伯圭子孙皆官运亨通，三公子赵师垂后来做到定江军节度使、开府仪同三司、万寿观使，累赠太师，封天水郡开国公，食邑五千户，追封新兴君王，谥恭襄。史载，赵师垂曾“依势作威，颐指州县，恐吓细民，强占其田，又强付钱本，以责利息”。竟不似他的父亲赵伯圭，谨慎精明，能以二十万缗去往浙西购粮，轻松打破本地粮商的垄断，平抑米价，使灾荒得以纾解。大约从小在“销金窝”中长大的缘故，赵三公子毕竟不知民间疾苦。当此鲜花着锦、烈火烹油之时，赵师垂可曾想到这繁华似泡，一戳即灭。近百年之后，自己的曾孙赵孟頫，会在委身仕元的屈辱憋闷中，寄情书画，度过一生。

参考文献：

〔宋〕吴自牧：《梦粱录》，浙江人民出版社，1980 年。

〔宋〕周密：《武林旧事》，浙江人民出版社，1984 年。

〔宋〕灌圃耐得翁：《都城纪胜》，中国文史出版社，1999 年。

〔宋〕西湖老人：《西湖老人繁胜录》，永乐大典本。

〔宋〕洪迈：《夷坚志》，中华书局，1981 年。

〔宋〕周淙：《乾道临安志》，中华书局，1990 年。

〔宋〕施谔：《淳祐临安志》，中华书局，1990 年。

〔宋〕潜说友：《咸淳临安志》，中华书局，1990 年。

〔宋〕灌圃耐得翁：《古杭梦游录》，载〔元〕陶宗仪：《南村辍耕录》，中华书局，1980 年。

〔元〕脱脱等：《宋史》，中华书局，1985 年。

〔清〕徐松：《宋会要辑稿》，中华书局，1957 年。

〔清〕沈翼机等：《雍正浙江通志》，中华书局，2001 年。

〔清〕丁丙：《武林掌故丛编》，载《杭州文献集成》，杭州出版社，2013 年。

陈述主编：《杭州运河史研究》，杭州出版社，2006 年。

谭刚毅：《两宋时期的中国居民与居住形态》，东南大学出版社，2008 年。

任振泰主编：《杭州市志》，中华书局，1995 年。

周向潮主编：《历史文化名城杭州》，浙江人民出版社，2000 年。

陈国灿、姚建根：《江南城镇通史（宋元卷）》，上海人民出版社，2017 年。

第五章

杭州十二时辰

作为南宋都城的杭州，除了常住百万人口之外，一年到头更有仕官差役、客旅行商，南来北往，不计其数。城内的商铺与挑担推车的流动商贩，一天十二个时辰全天候经营，“坊巷市井，买卖关扑，酒楼歌馆，直至四鼓后方静，而五鼓朝马将动，其趁卖早市者，复起开张，无论四时皆然”。在环杭州的郊区，通过市场分工与商品买卖，同样也出现了堪比外地一郡繁华的镇市，“人烟生聚，市井坊陌，数日经行不尽”。

凌晨上早朝的京官

每日交四更，诸山寺观已鸣钟，庵舍行者头陀，打铁板儿或木鱼儿沿街报晓……御街铺店，闻钟而起，卖早市点心……填塞街市，吟叫百端……早市供膳诸色物件甚多，不能尽举。自内后门至观桥下，大街小巷，在在有之，不论晴雨霜雪皆然也。

——〔宋〕吴自牧《梦粱录》

丑时三刻。天尚黑着，和宁门外坊巷之中，有庵舍的行者头陀，分别敲打着铁板儿、木鱼儿。坊间雇用的更夫手持木柝、钲铙敲摇，拉长了声音沿街报晓。吴山寺观的钟声一圈圈散向宫城及左近的市井，触到城楼檐角下的铁马共振起来，清脆之音又振荡回去，两股音波交缠在一起，再远传到朝天门外的御街上。和宁门跸道两侧的池水微微泛起涟漪，两排庄严肃静的黑漆杈子之外，两街的浮铺都开始窸窸窣窣，有人点了灯，卸下门板，开始卖早市点心。

上早朝的京官们纷纷从各自宅邸出行。位高权重的官儿自有家中厨铛侍候了丰盛早餐，此刻稳坐在官轿中闭目养神。那些级份低的郎官们，大多刚在京中立足，赁得一两间破屋，有的连家小还未搬来，黑灯瞎火，睡眼蒙眬起来，梳洗冠戴得耗上半个时辰，哪里还有余力自己做早餐？

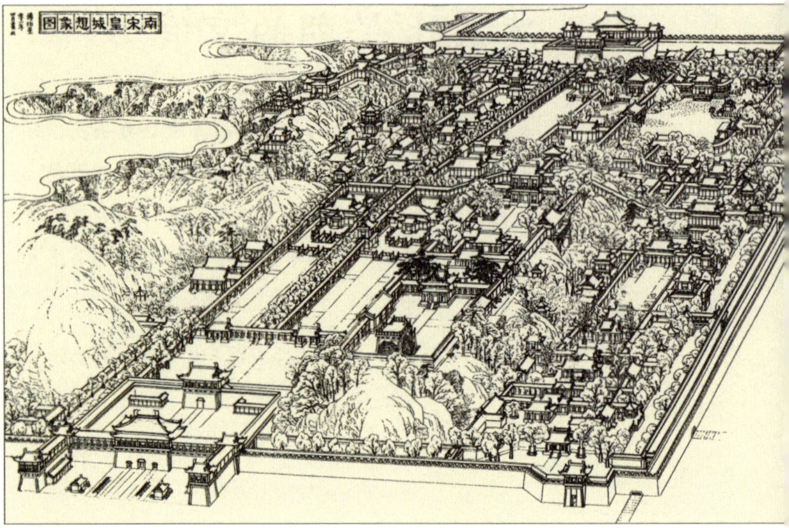

南宋皇城想象图

幸好这御街之上，从大内和宁门后门起，至观桥以下，大街小巷，分散着无数面食店、羹汤店、素食店、馒头店、包子店，有卖煎白肠的，卖羊鹅事件的，也有卖烧饼、蒸饼、糍糕和馒头的。光馒头就有许多花样：四色馒头、生馅馒头、杂色煎花馒头、糖肉馒头、羊肉馒头、太学馒头、笋肉馒头、鱼肉馒头、蟹肉馒头、肉酸假馅馒头、笋丝馒头、裹蒸馒头、菠菜果子馒头、辣馅糖馅馒头等。

想要暖肠润胃，也有七宝素粥、五味粥、粟米粥、糖豆粥、糖粥十数种粥，又有血脏羹、羊血粉羹、杂菜羹等应有尽有，可供果腹。季节不同，所卖早点亦随时而变，冬天卖五味粥、七宝素粥，夏月卖义粥、馓子、豆子粥。还有在浴堂门口卖面汤的，就连药铺，早上也卖二陈汤和调气降气的丸剂，以安养元气。

袁五是市西坊许家面食店的行菜伙计。他今年方十四岁，却已当了两年学徒。面食店是终夜不休的，丑时三刻，晚上的客人刚散，将店中残羹方洒扫收拾毕，寅时初刻又得预备迎接顺路来吃早饭的上朝京官。不论晴雨霜雪，日日不歇。

袁五来自临平乡下，只因家穷，托亲戚早早来到临安城学生意。来许家面馆学徒后，袁五从未回过家。一般店铺学徒规矩，每年过年时，腊月二十五到正月十五可以回家歇息，面食店却不比旁的，元日一样要开门做生意。从元旦大朝会到灯节，正是他们最忙碌的时候，别家食铺倒也有过完灯节，放学徒回家休息几日的，袁五却主动放弃了。他手脚勤快，眼光伶俐，吃饭时替师傅提酒壶斟酒，早起先倒师傅夜壶，师傅吸烟时忙递上擦洗锃亮的烟壶，成了个名副其实的三壶先生。袁五这般殷勤伺候，并无别的想法，只想好好学成生意，三年期满，可以拿到半作的工资，再过几年也赁一家小铺，开个面食店，攒了钱可以接乡下爷娘来城里享福。

对于眼下的日子，袁五倒不觉得辛苦。在临安城立足多不容易啊。就拿日日来店里吃早点的陆司直、周御史来说，都在京中做了那么多年的官，已近不惑，多处辗转，好容易方升了官，才得以在睦亲坊百官宅里觅得一两间窄屋，仅能容身。

那陆司直在石灰桥的屋子，袁五有回给他送笋泼肉面时进去过，又隘又深，仿佛一艘长窄的小船，太阳都照不进去，还不如他袁五在顾家面食店的住处宽敞。陆司直却不以为意，还乐滋滋给自己这房子取了个奇怪的名字：烟艇。后来又兴高采烈地写了篇《烟艇记》，在面食店用早餐时，摇头晃脑，得意万分地念给与他一墙之隔，住在枣木巷的周御史听。更奇的是，周御史也听得津津有味，击节赞赏。不是自己前去提醒，他们俩点的面都要凉了，更差点误了早朝。

陆游像

这不，说曹操，曹操就到。周御史、陆司直已到了店铺门口。袁五迎上来，问他们吃什么。袁五注意到，他俩今日面色红润，精神倍健，点起面来，也不再抠抠搜搜地只点便宜的炒鸡面、盐煎面之类，竟要了一碗生软羊面和一碗猪羊庵生面，还各添了一份虾糊羹。

袁五记下所点面食，大声向铛头唱名。不多时，两碗热气腾腾的羊面与虾羹便端了上来。袁五听两人边吃边聊，方知原来太上皇退位，今上即位，提拔有为才俊，周御史[1]升为起居郎，日日伴官家出入，陆司直[2]也授了枢密院编修，赐进士出身，正是意气风发的时候。陆编修又在那儿激动地讲起北伐平戎策来，手舞足蹈，不可开交。

见他俩的面羹都吃得差不多了，而寅正的鼓点已在鼓楼敲响，袁五便上前去收拾，顺便向两人道贺。周陆二人笑着拱了手，急忙出了面食店，到和宁门外待班阁排队去了。

①据《宋史·周必大传》载，"兼国史院编修官，除监察御史。孝宗践祚，除起居郎。"

②据《宋史·陆游传》载，"迁大理寺司直兼宗正簿。孝宗即位，迁枢密院编修官兼编类圣政所检讨官。"

袁五看着他们匆忙离去的身影，盼望着他们官越升越大，好把店里的各式面食都尝个遍，像桐皮面、姜泼刀、回刀、冷淘、棋子、桐皮熟脍面、丝鸡面、三鲜面、鱼桐皮面、大熬面、子料浇虾臊面、熬汁米子，三鲜棋子、虾臊棋子、虾鱼棋子、丝鸡棋子、七宝棋子、抹肉、银丝冷淘、笋燥齑淘、丝鸡淘、耍鱼面等等。有些样式，因点食的人少，袁五还没学会呢。转念又一想，等他们升了大官，入了阁，做了参知政事，有了自家宅院，奴仆环绕伺候，哪里还会来这小小面食店吃早点？袁五不觉为自己的胡思乱想而哑然失笑。

这会儿上朝的京官都已散了。街面上浮铺都已开门，各家饮食点心店已换了一拨早起办事的客人。袁五忙碌之余，望见后市街贺家酪面、太平坊口王宣家旋饼、官巷口光家羹，中瓦前职家羊饭、张三猪胰胡饼都是吃客

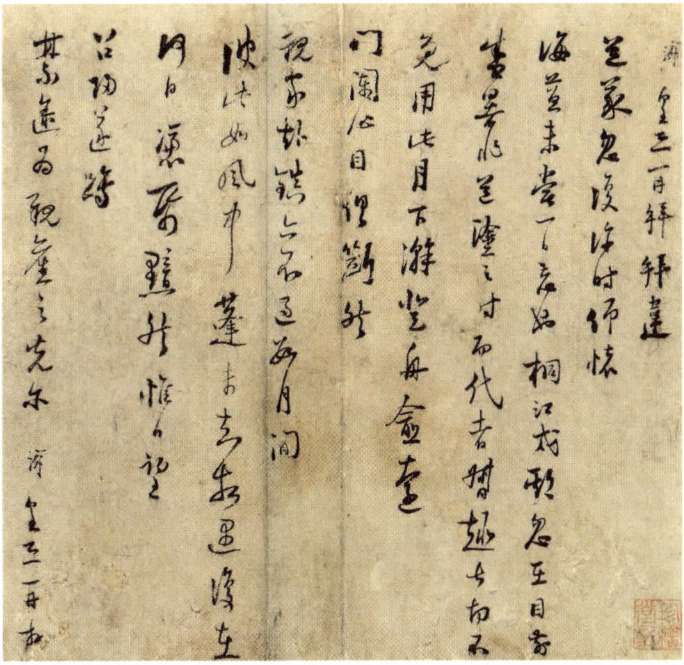

〔宋〕陆游《桐江帖》

盈门，坐得满满登登的，生意红火得很。而自己铺中的食客，边嚼着面，边讨论着吃罢面，还想去望仙桥买些糕糜，去慈寿宫前称些熟肉，丰豫门的灌肺，南瓦的张家团子都可再尝。孝仁坊口的水晶红白烧酒听说是太上皇曾经宣唤过的，其味香软，入口便消；六部前的丁香馄饨，精细尤佳；李婆婆杂菜羹、贺四酪面、戈家甜食，都是汴京搬来，仍是旧时风味。

袁五听这些老食客讲得诱人。他因年轻，一直在店堂忙碌，也没有机会见识，只觉得临安城的面食点心铺子那是真多啊，竞争压力陡大。不过他听周御史，哦，不，如今是起居郎了，说临安城有百万多人口。就算有一半人须在外面吃，一家店铺一早上撑死了也就招待几百人，那也得有千余家铺子方能满足。这么一想，又觉得自己的希望还是有可能实现的。

街上的行人越来越多。

盘街叫卖的担着油盐酒醋、时新菜蔬、果子蜜煎、海鲜鱼鲞等物件开始叫卖，声音充塞了整条天街。赶早的行客已散，早就各忙各活去了，而惫懒人家这会儿才来买早饭。面食店却又开始准备午餐了。正在包馄饨的袁五并不知道，许家面食店的这两位常客，其实早就是名满天下的诗人，其后十余年的仕途却迥然不同。周御史周必大一路升官，后来果然入阁拜相。陆司直陆游，却在当年就被贬出京，此后屡次沉浮，直到六十多岁才重新起用为严州知州。而袁五自己，在多年艰辛的劳作与俭省下，终于在升仙桥冷僻地段，赁得一家小小门面，如愿开了一家面食店，成为崇新门外第一家通宵营业的店铺。

临平镇市的露水集

城之南西北三处，各数十里，人烟生聚，市井坊陌，数日经行不尽，各可比外路一小小州郡，足见行都繁盛。

——〔宋〕灌圃耐得翁《都城纪胜·坊院》

临平镇名临平市……今诸镇市，盖因南渡以来，杭为行都二百余年，户口蕃盛，商贾买卖者十倍速于昔，往来辐辏，非他郡比也。

————〔宋〕吴自牧《梦粱录》

卯正破晓，天色微明。乡下人惯于起早，距临安城四十余里的临平镇市已然人头攒动。

本地的农人，筐挑篮提，将米鱼、虾、枇杷、甘蔗、荸荠、茶叶、丝茧、木材、毛竹、山货等携了来卖。货多的，则聚在市中，由商贩待价而沽。外地货物更是占据了临平镇市的大头，平江、湖州、秀州等地沿江南运河而下的布帛、米粮、漆器、药材、绢绫、緑藤、粗绣等，整船整船地运来，船舶辐辏，山积云委，仿佛不要钱一般地堆在运河码头上、船舨上、店家铺席上。

这些日常大宗物资，或是在此交易，或是准备运往行在所，或是去浙江市继续中转，沿新安江、分水江等钱塘江诸多支流深入，运往衢州、严州、徽州等地。

临平镇再往东几十里，有临安府市舶务的驻地澉浦镇，澉浦俨然成为临安城对外贸易的港口。从南海运来紫矿等重要染料，是湖杭等地丝绸织染业的必需。硫黄与涂敷火器的沥青，是兵器制造业的必需。也有大宗的竹、木、铁、布等军需物资在此中转。市舶司官易之后的余物，也允许在民间集市上出售。如高丽的丝布、漆器、铜器、香油、紫菜、榛子、螺钿、药材等，日本的合蕈、松板、罗木等，海南占城等地的椰子、赤藤、大风油、木棉布、苎麻、苏木、牛角、生铁、香脂、番盐等，都是日常粗色货品，常有流通到民集上贩卖的。

临安城东南西北方向，两里到五十余里的范围之内，由钱塘、仁和两附郭赤县所辖，散布着大大小小十五个镇市：嘉会门外的浙江市，北关门外的北郭市、江涨东市、江涨西市、湖州市、半道红市，西溪的西溪市，惠国寺北教场南的赤山市，钱塘畔江儿头的龙山市，安溪镇的

〔宋〕刘松年《斗茶图》中的一场民间斗茶活动，左侧是正在煎茶的炭炉。台北故宫博物院藏

安溪市，艮山门外的范浦市，汤村的汤村镇市，临平镇的临平市，城东崇新门外的南土门市，东青门外的北土门市。这十五个镇市的热闹劲儿，可一点儿都不比临安城逊色。

其中多为年税额达万贯以上的市镇场务。人烟生聚，市井坊巷，连绵不绝，可比得外路一小小州郡。咸淳初年，临安城都税务不过15.5313万贯158文，而仅浙江、江涨桥、龙山、北郭四处市镇的商税收入就高达26.4686万贯993文，是都税务的1.7倍之多。比之熙宁年间，江涨桥和龙山市的商税足足涨了十倍都不止。

临平镇市正是这十五个镇市中的一个。

此刻，朝霞洒在上塘河面，染开了一幅阔长的红锦。四望无际的莲荡间，散布在水中的人家，茅屋中响起了一阵鸡鸣，盖过了竹篙泛起的水流声，一个老农撑竹筏悠然而至。他到苇岸边泊住，拿扁担挑着两个篮儿，汇入了赶露水集的人群之中。

一个喝得醉醺醺的人，从临平酒肆出来迷失了方向，找不见渡口，拦住了那老农相问。老农遥望着客舟辐辏的渡口，给那醉客指引方向。

那老农正是许家面食店伙计袁五的老父。酒肆他是不去的，今天只带了两篮菜蔬来卖，也不值当去市集人挤人候售，便将菜篮往河畔沈妈妈家老茶坊门前的空地上一搁，自己却提着烟壶进了茶坊。

不多时，又有一篮现挖的竹笋搁在袁五老父的菜篮旁边。不消说，这篮竹笋的主人，已同袁五老父一般，坐进了茶坊一楼的方桌条凳上，要一壶炒青，一笼细沙馒头，边吃边喝。

茶坊楼堂中央的高起处，摆置着一桌一椅。城里来的徐宣教正在讲史，将那东方朔三山之求，诸葛亮九曲之势，编排出百万言的套路来。直说得茶坊众客都替他大声喝彩。徐宣教更加振奋，越发使出十分力气，连口茶水都顾不上喝，连说带演不歇。

袁五老父就着炒青茶水，边听讲史边吃完了馒头。看太阳升高，露水已散，便出茶馆门，往先前自己搁菜篮的地方看去。只见两篮子菜蔬已经空了，篮中却搁了百余个铜钱，数将起来，比这篮菜价还宽裕些。

袁五老父觉着不好意思，又掏了几个铜钱出来，搁在茶坊门口桌上的竹笼子内。这竹笼子原是茶坊方便过往客人的善事，放几枚小钱，方便需要的人兑换找零的。而旁边那个篮子中的竹笋也已售尽，篮中同样放了买笋钱。适才坐在自己对面听书的那个年轻山客，此刻也出得门来，提起空了的笋篮，向袁五老父羞赧一笑。

袁五老父见着这个后生，忽然念起自己在临安城内学生意的儿子，有一年多未能见到小五了。他又折返身去，进茶坊想找一位去城里的客商给儿子捎个口信。

江南运河过长安坝后，经上塘河汇入临安城。临平就成了进临安城之前的第一大市，南来北往的旅人都要先在临平住上一宿，第二天一早再顺上塘河而下，自余杭门进城。

临平皋亭山下、上塘河边的赤岸埠因岸坡长，淤泥多，须赤脚上岸而得名。赤岸埠有东西向的上塘河，南北向的赤岸河在此交汇。上塘河北岸，还修有宽敞的车马道，谓之走马塘，可驰马直至艮山门。此处水陆两便，是粮盐贮运的集散地，同时建有接待使节的班荆馆。

当年绍兴和议后，今太上皇的生母韦太后南归，就驻跸在临平镇东上塘河畔的妙华庵。人人都将临平镇视为临安的副都，往临安去的旅客自然为数不少。这茶坊便是他们交流生意经，打听行情的绝好所在。

袁五老父在茶坊楼堂内溜了一眼，将茶坊内众客都收在眼里。东南一角，坐着五六个穿绸衣的青年子弟，正在练习唱叫，其中两个偶尔吹弄下笛箫。西南方向，是三个中年，官人打扮，正讨论晚上去驿站投宿，应是进城述职的。北面却坐了七八个商人模样的，正在讨论今年临安竹木的行情。袁五老父想，青年子弟浮浪不靠谱，官人不敢高攀，唯有这竹木商人，可以代为捎信。

经商的人对于市场行情，尤其敏感。绍兴十年(1140)，临安大火，焚毁城内外房室数万间。有个裴姓富商正寓居临安，他在天街繁华地段有几家质库和金珠肆，见大火烧起，裴商对铺中贵重的金银珠宝不管不顾，反而马上命令手下的仆役，立刻动身往下江去收购竹木。这还不够，自己又亲身出了北关，凡遇见竹木、砖瓦、芦苇、椽桷之类的货物，无论多寡大小，估价后尽数买进。第二天，皇帝下旨，竹木材料免征税，叫商贾们多多益善地贩往城中，供百姓造屋修缮。那裴姓商人的竹木第一拨运进临安城，被抢购一空，其因此获利数倍，远远抵过了他在城中质库金肆的损失。

这几位竹木商人当然未曾轮到这样的好机会。今岁竹木丰收，因今上振作有为，张浚拜相后主张北伐，宋金形势陡然紧张起来。临安城内的大小工地都停了工，竹木销路大为不佳。正在发愁的当儿，见一个满脚泥泞的老农来相扰，便十分不耐烦。

袁五老父正嗫嚅之间，西南角的一位中年官人却站了起来，扶住老伯，说自己正要往临安赴任，可代为传递口信。袁五老父大喜，连连致谢不止。

金江干的沉思

（鱼鲞）产于温、台、四明等郡，城南浑水闸，有团招客旅，鲞鱼聚集于此。城内外鲞铺，不下一二百余家，皆就此上行合摭。

——〔宋〕吴自牧《梦粱录》

东门菜，西门水，南门柴，北门米。

——〔宋〕周必大《二老堂杂志》

巳时初刻。嘉会门外的浙江市已是热闹非凡。

从浙东运河运来的货物，在钱塘江南岸的西兴转运过江。浙东运河起自定海港口，经甬江汇入奉化江，过慈溪、余姚，连接姚江，经上虞东折到曹娥江，过山阴、钱清、萧山，到钱塘江南西兴镇为止。货物在西兴过钱塘江渡口，便来到了浙江市。

无数海舶、大舰、网艇、渡船、舠鱼船、湖底船、三板船、战船、渡船、钓鱼船等大小船只、公私浙江渔捕等，风帆满江，遮天蔽地。买卖客船，此刻皆停泊在江岸浅海水域，挑埠的脚夫早已卸货卸了大半晌。从越州、明州、温州、台州、严州、衢州等地运来的货物很快就堆满堆场。

因潮水起落，钱塘江的码头，船只都离岸较远。在船与岸之间，便铺搭有马凳跳板，俗称挑埠的，作为连接。

〔宋〕张择端《清明上河图》中的市井景象

挑埠不好走，有的一蹬二跳，有的二蹬三跳，最长的挑埠竟长达百米以上。

脚夫们背着整麻袋的货物已经不容易，且要在挑埠上灵活腾挪，端的也是一门技艺。在河道和船埠的石帮岸上，是一排溜的缆船石，有数十处之多，分别刻成如意、寿桃、象鼻、犀角等不同形状。之所以刻成犀角模样，是取水犀牛避水之意，其他也各有吉征。

城南浙江市原为柳浦古渡，吴越国时已然十分繁盛，北宋年间更是商贾辐辏，万货堆积，有“金江干”之称。南宋定都临安后，因本来的商税基数就很高，浙江市虽没有江涨桥、龙山两市翻十倍之巨，却也稳步增长。

此处是江海汇集之处，江帆海舶，水陆齐聚。因嘉会门靠近大内丽正门，为着安全的缘故，皇家禁了龙山河上的航船，并在丽正门外以红漆杈子围聚，禁止跨越。嘉会门内外两侧驻有使臣营步兵、教骏营骑兵两营禁军，还有皇家御马院，禁军时时操练，日夜巡视戍卫。

从浙东运河与钱塘江上游泛舟而来的货船都停在自龙山闸至浑水闸、清水闸绵延十余里的江畔。俱等缴完税之后，再从保安水门进入城内茅山河、大河诸里河。沿钱塘江自西向东，商贾聚集，货船往来，形成龙山、浙江两大集市。

钱塘江上游严、婺、衢、徽数州通津而来的长船，载着柴炭、木植、柑橘、干湿果子等物，多聚于龙山市。明、越、温、台数州，经浙东运河贩来的海鲜鱼蟹鲞腊等货，多由西兴过塘，聚于浙江市。更有金州安康地方的麸碎金、鹿白胶，蔡州的蓍草龟甲，上党的石蜜赀布，成都的缟纻笺锦，邢台之枣，固安之栗，也不远千里，积贩而来。还有球琳琅玕之美玉，铅松怪石之花纲，杶干栝柏之木植，金锡竹箭，丹银齿革，林漆、丝帛、枲麻、蒲鱼等无数的粗细货物，数不尽数。就连常来贸易的老商贩都不能遍识名目，博闻广记的也有许多第一次得见的稀罕物品，大呼开眼。

从徽州贩薪至临安城南码头的船队中，夹着一艘小小的官船，船头站立着一位年近四十，留着小髭的仕人，眉目清秀，面色凝然。此人便是范成大①，范成大幼年聪慧，十二岁已遍读经史，十四岁诗文已在市井流传。显仁太后（即前文所述韦太后，高宗生母）归国时，曾献赋颂夺魁，名扬天下。但他放着官不做，竟跑去昆山坚严资福禅寺闭门读书，还自称“此山居士”，整整十年未下山门。直到三十五岁，方出山应举，登进士第。却因不肯送钱疏通打点，蹭蹬了一年多，才除徽州司户

①据《宋史·范成大传》载，范成大“授户曹，监和剂局。隆兴元年，迁任正字。”范成大于绍兴三十二年（1162）初，入监太民惠民和剂局。

参军。在司户参军任上，一做做了六年，去年才被调往临安，监管太平惠民和剂局。范成大此行，是从徽州采买药材返杭。混在徽州薪船队中，他已与不少船夫交谈了解到许多门道。

原来徽、衢、严、婺等地，人多地狭，抑赖苏州、秀州的漕米，沿运河运到钱塘，再至桐庐转运供养。而钱塘亿万生齿，则靠上江徽衢等州的薪炭而活。每月有几千担柴炭，从严州、富阳而来，先聚于江干一带，再分售进城，由城内 13 个柴店供应居民。但两地往来的船只，上则易，下则难。只因滩高水逆，一个不小心，满船覆没，人货皆失，赔得血本无归。枯水季节，更是留滞阻碍，难以前行，导致薪米腾贵。

这还不算。

宋室南渡之前，商品贩运征收百分之二的过税，在地销售征收百分之三的住税，两者合计百分之五。南渡后，两税合五十取一，看起来税率降低了，但州县税场的监当们，往往借口各式专杂栏类，数倍索费，百端欺隐，凡舟船经过，常找出种种借口淹留旬日。

商贩们一天天地待在税场，吃喝用度都须用钱。更有那时新果子、鲜鱼海货，根本耽误不得，急得似热锅上的蚂蚁。便苦苦哀求税吏，好话说尽也没用，唯有火到猪头烂，钱到公事办，只又是一笔额外的支出。倘若使钱不多，没能喂足管事的，竟能青天白日地指鹿为马，把食米指为酒米，把衣服指为布帛，把空船说成满载，把行李说成是贩卖的钱物。

商贩们叫苦不迭，提起有些雁过拔毛的税场，牙根都咬碎了，直说那就是大小法场，征取商税酷如杀人。

范成大像

说起这行商的苦楚，真是几天几夜也说不完，怎奈地薄人多，逼得人不得不走这条路。

范成大听到耳中，记在心里。他现下虽只是个微薄小官，却抱负甚大，将那黎庶生计都视为己任。何况如今他是惠民药局的监管，焉知这药材贩运贮藏，有没有许多猫腻在里头，不可不详察才是。

说话间，便已到城南码头。贩薪客船纷纷拢岸卸货。范成大也下了船，吩咐属下去交割药材，自己却往浙江市集逛来，边逛边向商家询问货物的价格，从何处贩来。浙江市上的药材不多，却也有些越州山区所产的特色药材，如紫石英，以诸暨枫桥所出最为莹洁有光彩，形如石榴子，色紫质坚，没有杂质。这紫石英产自山间，东晋时谢敷发现，用以炼制入药。紫石英每到雷雨之后多见，乡人往往祠神后入山采摘，如今却常被土豪垄断，强说那山头是他的，所产之值，生生被分去大半。范成大拿了几块紫石英在手，一边辨别着药石好坏，一边听药贩说着故事，心中又替那山民感愤不已。

沿嘉会门往北行，直走到便门外浑水闸桥，所聚才是浙江市的大宗商品——鱼鲞海货。明州、台州、温州、越州的海鲜水产，俱在此批发交易，形成了统一的行会组织——鲞团。所有的鱼鲞，都须经鲞团统一定价收购，分配停当后，再拨给城内数百家水产店铺零卖。

也有盘街的小经纪商人来此批发，携去城内小街狭巷叫卖。凡有那私下过手，未经鲞团贸易的，轻则罚责，重则赶出市场，终身不得在临安贩卖。这样一来，那鲞团行首的权力极大，利益自然也多。不过，在应付官府和买索费时，鲞团行首也得出面，替一众商家争取最大利益。这倒是鲞团成立的初衷了。

会稽、诸暨以南，许多人家凿池养鱼为业。每到春季，有江州商人前来贩卖鱼苗，每每买得上万的鱼苗，放入池中养殖。先以鱼粉饲喂，待长大些，换用糠糟；完全大了，便以草饲。养鱼虽然辛苦，常要深更半夜喂料看管，放水换水，腾塘起鱼，但几十亩池子养殖的鲜鱼，可卖数十百缗之多，拿去输完田赋，全家人一年的嚼谷绰绰有余。比之老实种田，收益要大许多。

此风所及，衢、婺等地也都流行起来。虽然鱼鲞海货供应充足，但杭城人人爱吃鱼，每餐离不了鱼，倒也不愁销量，而供应充足之后，价格倒也便宜下来，十分惠民。货物愈多，价格愈惠，商税也见涨。范成大想起计然之策，这就是所谓国富民丰的道理吧。不过这又有个度，若是鱼价降到一定程度，养鱼不及种地了，渔民自然又会转去种地。这鱼与米都是百姓日常必需的，就凭市场自然调节，价格稳定、货源充足方才算好。

宋代妇女剖鱼砖雕
国家博物馆藏

也有实在贫困人家，鲜鱼鲞鱼皆吃不起的，就吃那便宜的海蛳。入盐烹炒，滋味却佳，解馋下饭，也成了杭人嗜食之物。荐桥门外太平桥北有个叫张四的细民，每浙东蛳船到来，便整船包下。人皆笑他何以买这不值钱的海蛳，谁知他逐日出售，赚头不小，竟终于靠售此物发家。可见是个物件，总有用处，更不能小瞧它便宜不值钱，积少成多，也是财富。

钱塘江水系发达，遍惠严、衢、徽诸州，在临安城内又与江南运河相通，东接浙东运河，还可泛海而出，南抵闽广、北通江淮、西至四川，万物辐辏，集市除鱼鲞海鲜外，蔬菜、水果、布匹、食盐、香料、珠宝应有尽有。发达的水路运输，与城内外遍布的集市，使城内外百姓得以享用来自全国乃至海外的物资供应，真可谓物阜民丰。

湖墅米市“蒋自量”

杭城除有米之家，仰籴而食凡十六七万人，人以二升计之，非三四千石不可以支一日之用。而南北外二厢不与焉，客旅之往来又不与焉。

——〔宋〕周密《癸辛杂识》

杭州人烟稠密，城内外不下数十万户，百十万口。每日街市食米，除府第、官舍、宅舍、富室，及诸司有该俸人外，细民所食，每日城内外不下一二千余石，皆需之铺家。然本州所赖苏、湖、常、秀、淮、广等处客米到来，湖州市米市桥、黑桥俱是米行，接客出粜……虽米市搬运混杂，皆无争差，故铺家不劳余力而米径自到铺矣。

——〔宋〕吴自牧《梦粱录》

未时日昳。

北新桥外赵十四相公府旁，逡巡着殿前司的红座船，管理从江南运河南下的各类船只。其中数量最大的，便是运米船。

临安城内外百万人口，凡官员、军士、商贾、作坊主、手艺人、小经纪、仆役、伙计、僧尼，再加上京中往来客人，俱都不耕不种，每日皆须仰籴而食。漕米与市粜两项加起来，每日都有万余石的食米从北新关运入，分别来自苏、湖、常、秀、淮南、江西、湖南、两广等地，由运河、长江或海路而来。刨去吃官粮的，升斗细民所食，都靠街市米铺供应。有句话说：杭州人一日吃三十丈木头。大约每十家日吃擂槌一分，三十万家，合而计之，则三十丈矣。

运漕粮的纲船，由纲头率领，每船可载运粮食六七百石，大的可达千余石。殿前司并不拦阻，纲船一到岸，就由农寺排岸司负责检查与装卸。运至天水院桥北的省仓上界、东青门菜市塘的省仓中界、余杭门外佐家桥北的丰储西仓、德胜桥东的端平仓、斜桥南的淳祐仓、仙林寺东的平粜仓等官仓贮存。各仓从几十眼至几百眼库大小不等。每年春夏出粜陈米，秋收补上新谷，按数轮番更换，共可储千万石大米，加上军马草料，可支撑临安城两到三年的储备粮。

载民粮的船就大小不一了。无数的山客水客，从苏、湖、常、秀、淮、广等处贩运客米来到。湖墅一带，从江涨桥起，米市桥、黑桥、夹城巷、通市桥、珠儿潭等地，凡船埠皆遍泊米船，沿街俱是米行。因人烟凑集，繁华热闹，有十里"银湖墅"之称。

蒋七郎崇仁的米行，在米市桥下最好的位置，门面开间阔大有气派。蒋崇仁世居蒋村，自入贩米行经营三十余载，家资富饶，早就搬于盐桥兴德坊一带居住，并在盐桥亦开了一家米铺。米行虽雇有掌柜与师傅督着伙计日常买卖，并无疏漏，蒋崇仁还是日日前去巡视一番，才肯放心。

贩米船都是铁头船，取其牢固稳当。袁三家中地少，兄弟们又人多，那几亩薄田哪够糊口。袁三的五弟，两年前去临安城的面食店帮伙，而他则早已跟着亲戚在贩米船上讨生活，有四五年了。他们本钱小，贩米船也就装两百斛左右，兼一家子吃喝拉撒都在船上，便显得拥挤不堪。

秋熟时候，他们沿运河而上，到江淮一带，替淮民做佣工，帮助收获。收成两两对分，所得的粮米，南返运至杭城湖州米市出售。春夏之交、青黄不接时分，他们便在苏、常、秀、湖一带的市镇转悠。从临安贩运了香烛、纸马、油盐、酱醯、浆粉、麸面、椒姜、药饵种种日杂货品，至乡村草市的杂货铺中收米。原来乡里小民，凡买日用，都是以米为准，携一斗三升的米，到铺中换取。一天下来，杂货铺中零星之米可聚拢至数斛。待积至百斛后，铺店老板运到杭、秀、南浔、姑苏一带粜钱，再买货来卖。袁三他们的贩米船来后，杂货铺乐得轻松，直接将米换与袁三所在的米船，省去粜米进货的麻烦。加上路途耗费，竟比自己进城换买还偿算些。而对袁三他们来说，则比径去产地贩买的成本要低得多。

装满了米后，米船还是向临安出发。袁三因今日所载的乡下杂米，大小不一，成色不佳，被米市行头克折了价，便有几句争执。他脸涨得通红，又气又恼，人畏缩着不知往哪里站才好。正为难间，却被蒋崇仁撞见了。

蒋崇仁在米行极有威望，不仅因他经营得法，才干超群，更因他为人仗义，厚道慈心。惯于作威作福的行头，见到蒋崇仁，忙施礼打躬，尊佩不已。蒋崇仁问明了争执的缘由，又看了一眼样盘中的米，便知那米的出处，心中便有了计算。乡下杂货铺中的米因来源不一，各家农户收贮得当与否，差异较大，自然卖不出好价。但行头与看样师傅给出的价格，又确实过低了，也是欺袁三小本经纪，有点爱收不收的。

蒋崇仁与行头低语了几句，便说了个让袁三满意的价格。袁三喜出望外，就跟蒋崇仁走了。到了蒋家米行，袁三见如此宽绰的门面，更加裹足不前。蒋崇仁却格外慈蔼，让他但宽心安坐，又让店伙递上香茶。袁三简直手脚都不知放哪里才好，只一味道谢不停。

湖墅米市运作得井井有条。米的品种繁多，本地有早占城、红莲、礌泥乌、雪里盆、赤稻、黄灿米、杜糯、光头糯、蛮糯等；淮南和两广有早米、晚米、新陂砻，冬舂、上色白米、中色白米、红莲子、黄芒、上秆、粳米、糯米、箭子米、黄灿米、蒸米、红米、黄米、陈米等。其中两广之米，秋获时便宜，颗粒匀净，不杂糠秕，干燥坚硕，可以久藏。

样米都须看样师傅看样，再由行头定价。余下的全不用铺家费心，装米的叉袋自有赁户统一出租提供，分斛手装袋，甲头管理着肩驼搬运，脚夫从旁相助，径直搬运米袋到米行。别看小小搬米，其实大有讲究。背粮时身子要正，万不可撒出；堆桩更得从里到外，从大到小，囤实堆紧。米市牙人在米行与米铺中间穿针引线，支打发货，城内外的米铺，只需到约定的日子付给米钱，不费一分劳力，自有米进货到铺。

看这米市，船来舟往，大小混杂，肩驮脚夫，搬上运下，在各家米行穿进穿出，各自往城内外各家米铺铺货。虽然数十百人一齐忙乱，数十百条船泊岸启程，却从不出错，绝无争差。

蒋崇仁既与行头说过，蒋家米行的阿大早就吩咐分斛手与肩驮装袋收米去了。袁三在店中实在是坐不住，就在廊下看脚夫搬运。蒋崇仁背着手，与他攀谈。说话间，又有一个老妪，颤巍巍拿一个木勺，径来蒋家米行买米。湖市米行本都是批发，但那老妪像是熟门熟路一般，竟

〔宋〕张择端《清明上河图》中的船运

自己从门口的米垛中舀了一勺米，又掏出十几文铜钱，摆在米垛旁的桌子上。米行的伙计，连同蒋崇仁本人，都似没看见一般，任那老妪放钱取米走了。袁三看得出奇，却又不敢发问。

谁知这一切，都叫一个三十多岁的士人看在眼里。那士人暗暗称奇，便向蒋崇仁施礼唱名。原来那士人是徽州朱熹[①]。朱熹十八岁就高中进士，授左迪功郎、泉州同安县主簿。任满罢归之后，竟不肯再出仕，拜了延平李侗为师，研习二程“洛学”精义，只以教育著述为业。这年，今上即位，下求贤诏，广泛征求臣民意见，朱熹正为应诏而来。他心中早就有诸般条陈：反和主战，反佛崇儒，讲学明理，定计恢复，任贤修政，等等。

朱熹来至这湖州米市，正为广察民生，习学经济之道。现见这米行老板举止不凡，所行似无道理，忍不住好奇，便向蒋崇仁请教。

蒋崇仁忙还礼，笑指自家米行的牌子，让朱熹看。

朱熹定睛看去，却见一块黑漆的牌子，用金粉写着三个大字：蒋自量。

朱熹不解。

蒋崇仁向朱熹详加解释。原来蒋崇仁贩粮，从来义利兼顾，讲求诚信。春夏买青时，价都估得厚道，农人多愿意将整田所有，皆投送蒋家米行。就是像袁三那样的小型贩米船，蒋家米行也从不欺侮。成色不一的米，米行自行分拣，再分类卖出。故而生意越做越大，以量取胜。

①蒋崇仁事迹，后被逐渐神化，其事虚实相间。朱熹于隆兴元年(1163)赴行在，入对垂拱殿，是为史实。而蒋崇仁的“自量”善事，与朱熹后来所设社仓，思想相通，说明朱子思想自有其民间基础。基于以上原因，虚构了朱熹与蒋崇仁的“会面”。

他还有一样奇异举措，就是在自家米行、米铺门口，专设了常平米垛。米价贱时，平价籴入；米价贵时，对那些贫乏无以自持之人，仍以平价粜出。如此已行三十载了。贫困告贷者，无需进门见伙计面，直接按需自取，将钱摆上即可。就是当时无钱，也可在桌面账簿上自写借粮数量，待有钱时再来偿还。方才那老妪便是前来自量粜米。

“那相公真是做了大善事了。”

蒋崇仁说：“些许小事，哪里称得上大善事。书上说，民为本。前来粜米的，无论多寡，本是米行的衣食父母。何况米并非寻常商品，是人人日日难离的。他今日穷，一时接济不上，但只要勤劳守信，未必永远都穷。”

“你道如何，我这常平米垛，开设三十载，轧账下来，不但并未亏损，还略有盈余。可见杭城百姓，还都是有志气的。不过这盈余，我又投入进去，扩大常平米，好惠及更多的人。将来我若不在了，也会嘱我崇义、崇信两个兄弟，把这常平米继续下去。”

朱熹眼前一亮，看来这市坊之中，亦有大仁义存焉。

十二时辰里的柴米油盐

其夜市除大内前外，诸处亦然，惟中瓦前最胜，扑卖奇巧器皿百色物件，与日间无异。

——〔宋〕灌圃耐得翁《都城纪胜·市井》

凡郭门之外皆曰关。武林门在城北，故门以外皆称北关。以清湖闸上为上关门、闸为下关门。盖水路辐辏之所，商贾云集。每至夕阳在山，则樯帆卸泊，百货登市。故市不于日中，而常至夜分，且在城闉之外，无金吾之禁，篝火烛照如同白日。凡自西湖归者多集于此，熙熙攘攘，人影杂沓，不减元宵灯市，洵熙时之景象也。

——〔清〕李卫修、傅王露《西湖志》

北城晚集市如林，上国流传直至今。青苎受风摇月影，绛纱笼火照春阴。楼前饮伴联游袂，湖上归人散醉襟。阛阓喧阗如昼日，禁钟未动夜将深。

——〔明〕高得旸《北关夜市》

酉时日落。

应允了替袁五老父捎带口信的杨万里[1]，站在临平的莲荡口，看晚归的渔舟拢岸。

他在永州任零陵县丞期间，见到了谪居永州的张浚。张浚对杨万里的才学十分赏识，张浚入相后，即荐杨万里为临安府教授。

在临平宿上一晚，第二天便要去京中赴任了，杨万

①据《宋史·杨万里传》，“浚入相，荐之朝。除临安府教授，未赴，丁父忧”。隆兴元年（1163），杨万里离零陵任，因张浚荐，除临安府教授，因父病未及赴任，于第二年归乡。

里却着迷这乡里风光，金粟斑斑，柳芽缩爪，芹菰飘香。他想着：端午之后，这里的荷花能映日否？

湖墅米市运河两岸，北新关与康桥相望，江涨东西两市竞艳，一江霞光中，有锣鼓声回荡，那是米行请江淮贩米帮看的庙戏即将开场。从湖州、秀州等地运米粮、茧丝、绫锦、山货、南北货的船只，日夜穿梭往来，店铺中许多商贾、牙人聚会骈集。更兼在余杭门外，已没有金吾之禁，入夜后酒馆红灯高悬，货摊烛照分明，小经纪车载肩扛着各式货品在街巷吆喝，从西湖晚归未来得及进城的，干脆在北关夜市再接着冶游一番。绮罗香伴市卖声，好一派太平景象。

十余个贩卖菜刀、剪刀、锄头、铁耙等铁器的商人，在城北白洋湖塌坊停泊。他们来自婺州永康，天色已晚，要将所带铁器货品存放在塌坊之中。塌坊都由显宦内侍投资建造，白洋湖有数十所塌坊，每所有千余间屋，规模小的也有数百间，供都城的店铺、来往的客旅寄藏行

〔宋〕苏汉臣《货郎图》

李货物。“巡廊钱”，或曰“堆垛钱”，可以逐日缴付，存得长的，还可以包月优惠。

塌坊设在水边或水中，防火防盗，晚上有壮丁巡夜警戒，可保无虞。塌坊存物仔细，核记对账一一分明。铁器商们多不识字，不过他们早有准备，特意带了个同乡的年轻书生，代为办理文书事宜。这书生也就弱冠之年，眉宇间自有一番英气。顺利办完存塌坊的手续，书生与同乡商人道了乏，独自去鼎鼎有名的中瓦子王妈妈家茶坊，以文会友。

这位名叫陈亮①的年轻书生，沿路往西南走去。见仙林寺桥、盐桥一带的码头与集市附近，还有许多竹市简易堆廊，存放着米盐柴薪、砖瓦灰泥等大宗货物。里河中的落脚头船，载着往来的士贾。亦有那宅舍府第庄舍的自备船，官钱“和雇”的私船，以及寺观庵舍的“红油桐滩”，正忙着来回搬运食米柴薪。太阳虽已落下，临安城内却依旧十分热闹。

戌时日暮。

天已经黑下来，城中酒楼、妓馆、茶坊都亮起了大灯笼，照耀得天街上灯火通明。阁中夜宴方开，觥筹交错中，有划拳的，有斗诗的，有唱曲的，也有赛棋的，瓦肆勾栏中，百戏竞演。街桥坊巷间，有扑卖、果子糖等物，有顶盘担架卖市食的，有推小车卖花、盏、灯、扇的，叫卖声宛转起落，唱词都依据所卖货物而编，颇称有趣。

街上宴饮游逛的人越来越多，甚至比白天还要人多。因为这番热闹，盘街买卖的生意也就不错。也正因为生意好，就算是夏天暴雨，冬天大雪，夜市这些人照常会

①陈亮家乡婺州永康的打铁业，早在唐代就已形成。陈亮主张“农商相籍”，在与友人的来往书信中，曾透露自己以往经商的行迹。据李贽《陈亮传》，隆兴初，亮以布衣上《中兴五论》，反对与金约和，然奏入不报。

顶风冒雨出来做生意。

袁五所在的面食店又迎来新的一拨食客。不过，周必大与陆游，这会儿却正在以“一窟鬼茶坊”为名的王妈妈家茶坊听书，听得津津有味。对面朱骷髅茶坊里，却有一个赛棋的，正在摆擂台。一个名叫陆九渊[①]的青年，盯着棋盘上的黑白二子，陷入了沉思。

这几家茶坊不是花茶坊，没有倚门卖笑的妓女，热闹之中见清静，凡摆设用度，都不庸俗。沙锣、水盆、火箱、妆盒、帐幔、茵蓐，还有奇器珍玩，俱清雅可喜。还有富家子弟等人会聚，请艺人培训学习乐器、上教曲赚之类，谓之“挂牌儿”。也有仆役们相聚的便宜茶坊，在市头会聚，有事行老说和，无事只说话闲聊。

亥时人定。

人却不定。

大街上的关扑越来越多。有吃食点心：糖蜜糕、鱼

〔清〕《雍正西湖志》载“北关夜市”

①据〔清〕黄俊《奕人传》载：“陆象山年少，常坐临安市肆观棋，如是者累日。”

鲜猪羊蹄肉、猪胰胡饼、灌藕、像生花果、时新果子、香圆、查子、红边糍、蜂糖饼。有日常用具：细画绢扇、细色纸扇、漏尘扇柄、异色影花扇、罗木桶杖、诸般藤作、琉璃炮灯、画烛、银丝合子、挂屏头屋儿、乌木花动使、行灯、时文书集、四时玩具、沙戏儿。有衣帽装饰：销金裙、缎背心、销金帽儿、逍遥巾、狼头帽、小头巾抹头子、细柳箱，花环钗朵篋儿头……

所卖之物也随季节变换。春冬卖奇巧玉栅屏风、玉栅小球灯、快行胡女儿沙戏、捧灯球、走马灯、闹蛾儿、玉梅花、元子槌拍、鱼龙船儿、香鼓儿、梭球；夏秋卖青纱、黄草帐子、挑金纱、梧桐数珠、木犀香数珠、金橘数珠、异巧香袋儿、藏香、细扇、带朵茉莉花朵、挑纱荷花、满池娇、促织笼儿、细巧笼仗、炒栗子、陈公梨、金桃、时新果子和四时景物。尤其元宵灯节、端午、中元、中秋、观潮诸节，节令用品更是畅销。夜市要数和宁门前与中瓦子最为热闹，有各式奇巧器皿，百种物件，热闹要比日间更胜一筹。

子时夜半。

朱熹在客舍中刚刚放下笔，案上是他一挥而就的策论，等着明日入对垂拱殿，向新皇帝面陈。惠民药局署中，范成大读罢药书，感到肚子有些饿了。此刻夜市的人流终于开始稀疏起来，办事的人终于忙完了公私营干，匆匆赶回家中，遇到提瓶卖茶的，正好喝上一碗。夏季有冰镇梅子羹开胃，冬季有馓子慈茶暖肠。

丑时鸡鸣。

夜市已歇，袁五又在面食店迎来了周必大、陆游两位上早朝的官人。

杨万里在临平驿站睡得正熟，第二天一早，他将坐船进城赴任。替袁五老父捎口信的他，却没有料到，自己的父亲生了病，书信已然早他一步，送递到了临安府学。侍父至孝的他，旋即回乡，随后丁忧。三年之后，杨万里向朝廷递交了《千虑策》，特别提到，应减税轻赋，勿为扰民之政。

范成大后来步步高升，外放州府，兴利除弊，大蠲积欠，赈济饥民，治下政通人和，百姓乐居。乾道四年（1168），朱熹受蒋自量的启发，在崇安说动乡贤富豪出粮，并向县府借粮食六百石，贷给农民赈灾。经多方努力，三年后建立了五夫社仓。十四年后，社仓不但早还清了六百石本钱，还多出了三千一百石粮食。朱熹便不再收取利息，每年只收百分之三的损耗。淳熙九年（1182），《社仓法》全国推行。

淳熙二年（1175），朱熹与当年临安夜市茶肆观棋的陆九渊在鹅湖相会。当年随乡人贩铁器进城的陈亮，直到淳熙九年（1182）才得以与朱熹见面。他俩相谈甚欢，却在农商并重，义利王霸之道上有着不同的看法，多次书信往来争辩。

百年之后，里人称道蒋家米行蒋氏三兄弟的善行，为其建祠塑像，前来祈卜者摩肩接踵。咸淳三年（1267），临安府尹潜说友请于朝，皇帝赐庙名广福，封三兄弟崇仁孚顺侯、崇义孚惠侯、崇信孚佑侯。地方官每年春秋致祭，广福庙香火极盛。直到 20 世纪下半叶，位于市中心的广福庙被毁，但在蒋崇仁祖居蒋村的蒋相公庙却得以重修，为西溪文化增添一抹历史的亮色。

杭州十二时辰，从早至夜，柴米油盐，都是万民生计，周而复始，绵延不绝。

参考文献：

〔宋〕吴自牧：《梦粱录》，浙江人民出版社，1980 年。

〔宋〕周密：《武林旧事》，浙江人民出版社，1984 年。

〔宋〕灌圃耐得翁：《都城纪胜》，中国文史出版社，1999 年。

〔宋〕西湖老人：《西湖老人繁胜录》，永乐大典本。

〔宋〕周密：《癸辛杂识》，中华书局，1988 年。

〔宋〕周必大：《二老堂杂志》，中华书局，1985 年。

〔宋〕周淙：《乾道临安志》，宋元方志丛刊版，中华书局，1990 年。

〔宋〕施谔：《淳祐临安志》，宋元方志丛刊版，中华书局，1990 年。

〔宋〕潜说友：《咸淳临安志》，宋元方志丛刊版，中华书局，1990 年。

〔元〕陶宗仪：《南村辍耕录》，中华书局，1980 年。

〔元〕脱脱等：《宋史》，中华书局，1985 年。

〔清〕丁丙：《武林掌故丛编》，载《杭州文献集成》，杭州出版社，2013 年。

徐吉军：《南宋都城临安》，杭州出版社，2008 年。

顾希佳、何王芳、袁瑾：《杭州社会生活史》，中国社会科学出版社，2011 年。

王心喜：《杭州运河集市》，杭州出版社，2013 年。

马新主编；谭景玉、齐廉允著：《货殖列传——中国传统商贸文化》，山东大学出版社，2017 年。

第六章 香市唱兴衰

元灭南宋后，杭州失去都城的政治地位，但集市依然繁华。元初，意大利人马可·波罗来到中国，后来在他的游记里赞叹一个叫Quinsay（“行在”的音译）的城市，说该城方圆约有一百英里，街道和运河都十分宽阔，“除掉街上密密麻麻的店铺外，还有十个大广场或市场，这些广场每边都长达半英里”，“一年四季市场上有各式各样的香料与果子”，“每到集市之日，市场中挤满了商人”。他把杭州赞誉为“世界上最美丽华贵之天城”。

然而，元、明、清及民国，历次改朝换代之际，兵燹、火灾、疫病、倭寇滋扰等曾一次次让杭州的繁华受到巨大的冲击。明初的杭州，“市井委巷有草深尺余者，城东西僻有狐兔为群者”。直到成化年间，时人还感慨“今存不逮昔时百什一也”，城中竟回到了“日出为市，日中始散”的原始状态。赫赫有名的寿安坊夜市，只剩了些饮食摊贩。直到万历年间，杭州才渐渐恢复了往日的生机。

也许正是历史大潮中难以把握的命运让老百姓寄望于神佛护佑，才出现了杭州香市这一特殊的产物。而香市的兴衰，正可以一窥这座城集市的执拗倔犟而又绵延不绝的生命力。

天竺香市

二月十九观音圣诞，大士最著灵验。凡祈晴祷雨，无不感应。虽小儿亦知敬奉。十八日，文武百官，自抚台以下，亲往拈香。一切执事，城门口即便打落，不敢开锣喝道，其敬畏有如此者。百姓有忏会者，均于十八晚间出城。所以自茅家埠起，一路夜灯，至庙不绝。

——〔清〕范祖述《杭俗遗风·天竺香市》

入了二月，岁节仍是不断。几乎每半月便过一节。

朔日中和节，家家户户用青丝囊贮了五谷瓜果的种子，相互馈赠，取其彼此献生、绵延广育的意思。

春光渐暖，细草茸生，游人仕女们纷纷出郭探青，扫墓致奠。中和节第二天，女儿家头上个个插戴蓬叶。杭俗中有“蓬开先百草，戴了春不老”一说。西湖里的龙舟画舫也开始热闹起来，赁金也一天天看涨。

二月十五花朝节，百花生日，人人都赶赴西湖赏花游园。城内外的树梢上，都挂着红绸子假花。苏堤、白堤上满是人，走都走不动。湖中游船装饰着彩帛、鲜花，奏起丝弦管乐。只是头尾相挨，一样地大半天不得动弹。二月十五又是佛祖入涅槃之日，家家寺院都悬挂起了释迦涅槃图，诵涅槃经，办涅槃会。入寺进香的人将门槛都踩烂了。

自花朝节开始，至端午节结束，历时三四个月之久的西湖香市，就从这一天正式启幕了。

戴青郎跟着父兄从徽州来做生意已经有三年了。他们家在寿安坊热闹地段经营着一家刻书铺子，刻印经史

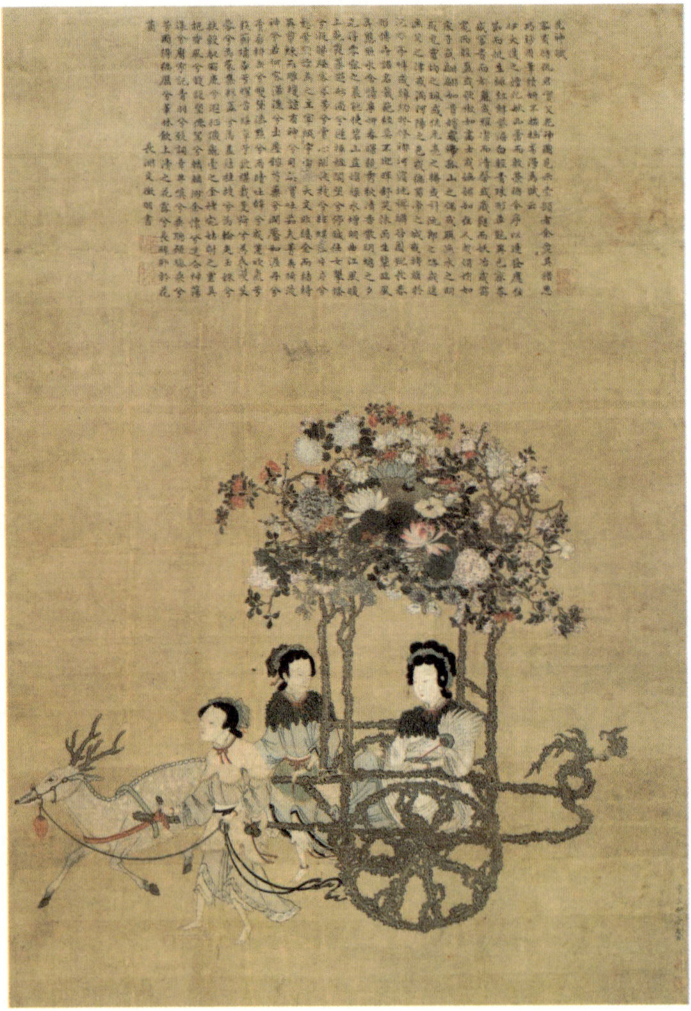

〔明〕仇英《花神图》

子籍、佛经道藏，也兼卖书画。每年的西湖香节，是他们最忙的时候，店中佛像经书的存货几乎被抢购一空。每天晚上，书坊工人们一齐加班，添印几百卷，次日由戴青郎父子三人分头推车去香市贩卖。一季香市下来，父亲的眼都笑花了，光在那儿数钱都来不及。

最早开始的是天竺香市。

西湖群山中，最高的便是天竺山。从灵隐寺到天竺山之间，依次坐落着三座古寺——下天竺寺、中天竺寺、上天竺寺。三寺俱供奉观音，远在宋时便香火旺盛。

上天竺寺是白衣观音的起源地。相传，后晋天福元年（936），僧人道翊在天竺白云峰下结庐修行，忽见山涧中瑞光一道，循光而觅，发现一块奇木。四处问人，都不识是什么木头。道翊便请匠人孔仁谦刻成观音大士像。吴越王钱俶建观音看经院奉之。到了北宋咸平元年（998），杭城连续几个月大旱，郡守张去华率属僚和百姓前往上天竺，向观音祈雨，果然甘霖普降。张去华是北宋第二位状元，其子张师德也在五十年后得中状元，是宋代有名的父子双状元。这观音灵验的声名传出去后，无数善男信女都来进香许愿，香火极盛。

建炎年间（1127—1130），金兀术攻入临安，把据称是沉香所制的观音像，连同佛经、图籍、玉帛，悉数劫掠一空。又有人说，如今京城西南玉河乡的观音寺便奉着当年金兀术掠去的上天竺观音像。南宋历代皇帝曾屡次赐钱修缮扩建，还亲题改寺名为灵感观音讲寺、天竺教寺，将其评定为“五山之首”。大明皇帝虽不曾亲来参山，也从未拨款，但民间信奉者甚众，僧人募化维护，上天竺观音院的香火从未断过。如今四海升平，香市更比往年愈加热闹。

从灵隐前往上天竺参拜观音，须先经过下天竺、中天竺。此二寺一座比一座古老。下中竺东晋时已建寺，两寺历代皆名僧辈出。进香客往往顺路把三天竺都一一虔诚礼忏。中天竺由隋朝南来的印度千岁和尚宝掌首建道场。

二月十九是观音诞辰。欲往天竺拈香的香客，全城上下，无论老少，不管俊丑，十八晚出城，步行前往天竺。从茅家埠起，一路男女老少，手提西兴驿所产的防风灯笼，把一条山道挤得满满登登。地方士绅、富室豪门往往举家进香。女眷们暗自比拼着服饰妆容，满头珠翠，斗献珍奇。把那大珠、珊瑚、瑶冠、玉钟玉盏、琉璃瓶、玳瑁等，让小厮用红绸包裹了仔细携着，届时悉数献供给寺院。

更常见的斋物是香烛油米。富豪之家往上天竺寺做光明会，布施大福田，做胜会遍施斋僧，虔敬地礼忏三日。

〔清〕佚名《西湖风景图·天竺香市》

在寺庙正门口，用大席铺地，凡米面、蒲鞋、油盏、灯芯、碗碟、匙箸、笤帚等，但如流水般，车载担挑地运进来。最为醒目的，是柱子般大小的巨烛，并着上千条小烛，与不计其数的黄裱香纸，一齐燃烧，浓烟直上云霄，蔚为壮观。一时间，香氛缭绕，经声琅琅，使人如入梵天世界。

天竺香市，正是做生意的好当口。

这一夜，与进山朝拜的香客几乎同时，贩货的也早早摆出琳琅满目的物品。

从茅家埠往三天竺的山道本就狭窄，大小铺席、货车均靠溪泉一侧排列。乡民们扶老携幼，一路焚香顶礼。富贵人家的香车宝马也行不快，只夹在众人中慢慢往前挪腾。山路沿途有几家乡桥野店，供应茶汤点心，也摆卖香烛、镴箔、元宝等物。只是店小货少，远不够这许多香客采买。

又有无数的商贩沿途设席。点心担、熟食摊栉比鳞次，供应馄饨、粽子、汤圆、水果、炒货、糖等吃食。还有卖蚕种、菜籽及各式秧苗的，卖精细靴、诸色巾帽的，卖异果名花、精巧素食的，卖佛像、经书、珠磬的，不一而足。各家路摊点的夜烛，映入山溪，地上水中，摇漾生姿。众位香客所提的灯笼如豆般串联，蜿蜒而上，游弋在黑黝黝的天竺山中。

戴青郎有一个平推车。青帛围饰一周，上缀几道细藤，用夹子将他家刻印的上等经书样本挂出。又将精美佛像展开，悬在显眼位置。除这些供佛物件之外，他还挂了几本时下流行的话本小说，其中《夷坚志》《清平山堂话本》便是嘉靖年间洪楩所刻底本。

戴青郎从小在铺中看书，长大了自己刻书印书，习得一手好字好画，忍不住技痒，给那话本添刻了几幅绣像插页。跨洪桥畔的瑞南道人高濂看到后，连声赞叹，收入妙赏楼。高濂还将自己所著《遵生八笺》付与戴家书铺刊印，还千叮万嘱，务必不惜血本和时间，只要刻印精湛为上。

对于自己的刻书手艺，戴青郎颇为自负。只是这芸芸香客中，可有人能瞧见这些书籍的卓异之处？

一辆粉色香车停在了戴青郎的车摊前。一个跟着香车随侍的丫环站在他面前，开口便问：“店家，这几本话本要卖多少钱？”

戴青郎这大半夜的生意也挺红火，只不过卖的都是经书、佛像之类。来问话本的，这还是头一个。

这丫环想是替她主人问价。戴青郎刻意往香车瞧望，那香车却被帘子遮得结结实实，见不到一丝里面的情形。是谁对这话本起了兴趣？是一位雍容的贵妇？还是一位青春的少女？又或是位清修的居士？

戴青郎收住思绪，恭敬地答道：“回小娘子的话，这话本是六两银子一本。”

“这么贵！”那丫环忍不住惊呼了出来。

戴青郎笑道：“不贵的。这可是开化纸印的。一百张开化纸都要五两银子，更别说刻工印工了。”

那丫环叫戴青郎拿了本《清平山堂话本》，说是递给主人瞧瞧去。

戴青郎依言将书小心翼翼地递给那丫环。

丫环转身，掀起车帘子一角，将书递进里面。

透过那掀开的一角，戴青郎可以看见里面人所着浅紫暗花绫的褙子，面目却被那丫环遮住了。

过不多会，那丫环请示过主人，将书翻开，指着其中一页，问："这绣像插画可是每本书里都有的？"

还真有人看得懂，戴青郎暗暗吃了一惊。他原以为只有高先生这样的士人，又是在京师做过大官的，才懂得鉴赏他的刻像。谁知这芸芸香客之中，也有知音。

戴青郎对自家的刻绘手艺，颇为自负。

原来他那绣像插页，不但有黑白的，竟还有套色彩印的。不仅能准确地摹形写状，更能在这方寸雕版之中，仿得院画的笔意，拟出墨色浓淡，形象生动。乍看之下，还以为是画出来的一般，故而能得高濂这样的文人士大夫青眼赏鉴。一般人都道他家的佛像印得好，生意十分红火，戴青郎倒对这些吃饭营生不甚在意，而更在乎有没有人能懂得那些绣像插画多色套印的精妙之处。

他不由得又往那香车看了两眼，只是那香车的帘子又放了下来，什么都看不到。

戴青郎将有绣像插画的几本挑了出来，那丫环便又拿去香车旁，递给车内的主人瞧。

不多时，那丫环回转来，对戴青郎说："这些书我们都要了。我家主人还问你，这些书你是从哪里进货而来？是哪家铺子刻印？可是金阊书林尚友堂所刻？”

“尚友堂？”戴青郎轻蔑地微微摇头，然后挺直了腰板儿，自豪地说，“您可以拿尚友堂的书来比比看。这可不是随便哪里进来的货，是我们自己的书铺——丰乐桥北的戴家书肆自行刻印的。雕版正出于小可之手。”

那丫环闻言，不禁将戴青郎上下打量了一番，转身又去香车中跟主人复命去了。

待那丫环再次来到戴青郎跟前时，已经捧了一包银子，将适才戴青郎挑出的几本带绣像插画的话本尽数买了去，且问清了戴家书肆的地址。最后还问戴青郎几时会在书肆，她家主人要登门来访，或有画作交付刻印。

戴青郎精神一振，向香车深施一礼，当下说定了半个月之后，在书肆迎候。

当香车再次启程时，戴青郎忽地想起什么，便向跟在香车后的丫环追问了一声：你家主人是男是女？

声音却被众香客的喧嚷嘈杂淹没了。

“已经走远啦，看不见啦。”一个年轻男子的声音打断了戴青郎。

戴青郎回过神来，却见是个二十许的青年书生，正在翻看自家刻印的书籍。

“你这书刻得果然不比尚友堂的差，甚至更好些。我也有几本小书，想托付给你刻印。这生意你接是不接？”那书生笑眯眯地问。

“你的罗机子上有个机件坏了”

各乡村民男女，坐船而来杭州进香，均泊于松木场，或上岸自寻下处，或歇各寺院房头，或在船中居住。其船有千数之多。早则正月尽，迟则二月初，咸来聚焉。须于看蚕时返棹，延有月余之久。……城中三百六十行生意，一年中敌不过春市一市之多。大街小巷，挨肩擦背，皆香客也……每逢春香，一家要做千余串钱生意。即此而推，各色生意，诚有不可意计者矣。

——〔清〕范祖述《杭俗遗风·下乡香市》

入钱塘境，城内外列肆几四十里，无咫尺瓯脱，若穷天罄地，无不有也……方晨已集，终酉嚣呼，五方辐辏，无窳不售，盖物盛所聚，何必自其地产哉。

——〔明〕聂心汤《万历钱塘县志·纪疆·物产》

上天竺院前，挤满了上香的香客。天竺院派了几位小僧徒，在寺院门口设茶汤，供斋众渴时来饮。

寺内寺外，都有数不清的大小香烛正在燃烧。一众虔诚的信徒将焚着的线香高举过头顶，口中喃喃念着佛号经文，冲着大雄宝殿方向叩拜顶礼。有些到得早的香客已经在寺内外的空地上铺开了席子，准备在此打一夜的斋。

他们三五一群，彼此亲熟地拢作一处，一齐翻开经书，合着韵律，唱念起来。唱念经书倦累了时，会有一两个能说会道的站出来，宣讲个世俗离合故事，惹得人唏嘘不已，更觉得人生四大皆空，须得托付于佛经所允诺的西天极乐世界，于是更加起劲地将经书唱念下去。

天竺院住持的净室中，则接待着几位大檀越。执事以香茗供奉，命小僧好生伺候。

夜静更深，天竺院寺内外却皆是灯火通明，人声鼎沸。

此刻，门口摆的点心摊、食品担生意越发热闹。念经念饿的香客，寺内值守的僧徒，走进走出地买一碗热气腾腾的馄饨、汤圆，就着素烧鹅、鲜笋、番薯、玉米等物，囫囵吞下充饥。生意其次好的，便是卖数珠、木鱼，以及供佛香烛、鲜花的。

上天竺

这一夜，三天竺宣卷诵经之声不断，香烛烟火不歇，人声、市声未曾消停。

这一夜，城北大运河畔北新关，驶入了数十艘来自苏、湖、嘉等地的进香船。

这些进香船大多被一村人包下，因图它夜航价廉。这是西湖香市第二拨——下乡香市的头一批进香客。

杭州人将江南运河上游苏、湖、嘉、锡、常等地称为下乡。这些香客都是下乡地方的蚕农，趁清明前，蚕季还没有开始，他们便整村整村地前来烧香拜佛。船上还捎带装了各地的土特产，趁着香市好变卖换钱。江南水乡最丰富的，就是荷藕、菱角、芡实、珍珠蚌、蟹稻米和果蔬、烟叶、茶菊之类的农产品。

各地又各有所长，如石门所炼的油，新丰所产的姜，菱湖的芦苇，吴江、新市等地的米粮，王店的十里白酒等。这些物品又分等分级，像是桐乡屠甸的烟叶，就又细分为伏烟、秋烟、顶烟、脚烟等，味道和价钱又各有千秋。甚至还有常熟、浦江等地偷偷携来的私盐。

除了这些进香船之外，还有商贩携了各地作坊的手工业制品，趁着香市前来贩卖。有嘉兴炉头的锅釜，西塘的漆器，打铜汇的黄铜茶具、锡壶，湖州所制的铜镜，瓶窑的陶瓮，处州的青瓷，王店的首饰，等等。这些手工制品自然也分三六九等，光是善琏的湖笔，就有羊毫、紫毫、狼毫、兼毫、鸡毛、獾毛、鹿毛等许多种，款式又以兰蕊式最为有名。纸则有王店的梅里笺用于书写，余杭的黄烧纸用于制作纸马，还有由拳的黄藤纸、富阳的小井纸、赤亭山的赤亭纸等。打铜汇沈氏所锻的锡制壶，往往雕镂诗句、姓氏、图印等，雅致工巧，十分抢手。

〔宋〕王居正《纺车图》（局部）

而其中占大头的，则是跟养蚕与纺织有关的物品，如嘉兴乌青的晚青桑秧等十数种上好苗种、永嘉的八季蚕种。还有棉花、染料等织染业所需的原料，江南各市镇家庭手工作坊织成的各式纺织品，如南浔所出的辑里湖丝，濮院所织的濮绸，王江泾的织缯，双林的包头绢，松江的棉布等。

其中丝可分为生丝、绵丝、蚕黄、丝吐头、滞头、棉线等；布又分为黄纱布、白布、冻绿布、棉布、苎布、麻布、葛布、綦布、黄草布、兼丝布、双线布、斜纹布、缣葛布等；绸又分为褚绸、褚绫、薛机绸、绵绸、土绵绸、瓯绸、紫徽绸、净绸、绫地花绸、花纺绸、线绸，以水绸、纺丝绸为最佳。

又有其他多种织物：倪绫、纰绫、吴绫、线绫、包头绫、

乌绫；银条纱、巾帽纱、脚踏纱、官纱、绉纱、包头纱、夹织纱、丝筛纱、直纱、软纱；贡罗、秋罗、湖罗、杭罗；包头绢、纱绢、画绢、金龙绢、罗地绢、榨酒绢；花绉、湖绉、包头绉、绸、剪绒；等等。真是让人眼花缭乱，数不胜数。

因母亲去世得早，为补贴家用，虞春娘七八岁上就跟着族中长辈养蚕纺织，如今年方十六，已算得上一把老手。最忙的时候，她曾一年养过八季蚕。不过那样又来不及自己缫丝、纺织，若没有茧客及时收去，反而不上算。

她们家族现在一年只养四季蚕，有十来张织机。一过清明，全家老小齐上阵，从采桑喂蚕，到看眠收茧，再到缫丝纺织，一直要忙到年下。春娘最善织的乃是湖罗，她喜欢罗的轻盈飘逸。

这次，乃是春娘头一回跟着族中婶娘们上杭州进香，她将年前未被绸商们收买的自织湖罗带了几匹来。卖得的钱她打算给她的织机换几样好用的机件，原来的已经多有磨损。

她更要在杭州诸寺多多敬奉香火，好让佛祖保佑她家蚕事年年兴旺，所织丝绸卖个好价钱。最后一件心愿，便是女儿家的隐秘心事了。

天色微明时分，香船陆续过了北新关，在大关码头停下。进香客们进杭城烧的头一炷香，便是在千年古刹香积寺。香积寺建于吴越国王钱俶纳土归宋的那一年，悠悠千载，见证、护佑了杭州百姓的富足安宁。

虞春娘自然想不到那么久远的历史，她惦记着自己

香积寺

的心事，捋了捋发梢上所戴绒线蚕花，急忙加紧脚步，好跟上婶娘们。

蚕农们大都节约，进香的香烛纸马，大多随船带来。只是春娘觉着，自己所祷甚多，便又在寺门前的市摊上买了一扎纸马，向寺中烧献。

在香积寺烧罢了头香出来，太阳已升到半空，又是人挤人挨了小半天，春娘已感到腹中空空，有些头晕眼花，瞧着香积寺前的糕饼糖果，就有些走不动路。

婶娘们却催着春娘赶紧上船。她们要趁着时辰还早，赶到松木场的香荡停泊，顺便可以在那里摆卖各家带来的土特产，去晚了，那可是连位置都找不着的。

春娘只好跟着婶娘们上了船。好在一上船，大家都解开自己的包袱，吃起了自带的香粽米糕充饥。春娘一看，大家都是如此，便也顾不得狼狈，赶紧拿出包袱中的糕点吃将起来。

顺西河而下，不多时，船便到了苇草丛生、湖荡星布的松木场。

松木场河十分宽阔，由此可通往古荡、留下等地。为何叫作松木场？有说是杭城西北山区的薪柴都是由船运到此处交易；又说是因此地有棕毛场，遍布做棕绷、棕绳的作坊。

从花朝节起，松木场就开始热闹起来。各处苇荡都有荡主，凡进香船停泊，都要交停泊费，故而得名香荡。婶娘们每年都来进香，早就熟悉路径，找到以往停泊的苇荡，一问，停泊费又涨了一成。婶娘们心中不乐，却

〔宋〕郭熙《窠石平远图》

也无计可施，只好乖乖掏钱。

为补回泊费涨价的损失，船一停好，婶娘们便赶着下船，到岸上香市摆摊卖货。春娘她们挑着、背着各自的货物上了岸，才发现沿途早就摆满了各式各样的货摊，卖香烛、佛经、珠磬、灯笼、雨伞、土产、素食、糕点等等，称得上琳琅满目。

尤其惹人注目的，是马塍一带的花匠挑担贩卖的鲜花。那马塍花农莳花的手艺世代相传，沿袭至今更具奇思妙想，精湛绝伦。

原来那花匠颇为风雅，竟将名花异树，依着宋朝名家马远、郭熙等人的画意笔法造型。或是斜斜的一枝偃蹇而卧，那是仿马远的笔法；又或是枝叶扶疏，可以看出郭熙的意境；还有的修成鸾鸟、仙鹤、腾龙舞凤、飞禽走兽、亭台塔阁等种种形状，别有一番造作之匠心。

小家小户的香客看到，咂咂称奇一番，也就过去了。

只有那仕宦人家，或是富商豪贾，家有庭院，可为清赏的，不免驻足停留，品评赞叹不止，想着搬回去几盆，装饰庭院。

那花匠为着招徕生意，开口吟唱，填了夸矜自家好花的词，调子用的是仙吕宫，韵律丝毫不差。一些大檀越不免被他吸引了去，竟做成了好几笔生意，于是那花匠的歌叫兴头更好了。

沿街茶坊、店铺、旅馆林立。家家门口有小厮在卖力地吆喝，兜揽生意。有的茶坊还雇了歌伎引吭高歌，十分动听。蚕农们自不为所动，来杭州进这么一趟香，盘缠都要花去不少，其他的当然是能省则省。他们大多以船为家，安步当车，粽糕充饥。

婶娘们好不容易才找着一个空处，已经比较僻远，但也没有办法，只好大家挤挨着摆开货摊。春娘也将自己织的湖罗，还有几双布袜、几顶罗帽，摊开售卖。

春娘她们的货摊，已距香市热闹处较远。稀稀拉拉走来几个人，偶尔有人买走几捧婶娘们的莲芡与果蔬。春娘的湖罗却一直没有人询价，她心中不免有些着急。

香市上的人越来越多了，货摊越摆越远。摆出来的东西开始有山东等远地的阿胶、煎饼等物，香客们的口音也越来越杂。原本春娘她们的摊儿已在香市的尽头，谁料后面又来了几拨人跟着往下摆摊，结果春娘的摊儿反而变成了一个新的中心。过来看货问价的人也多起来，这让春娘燃起了新的希望。

“你的罗机子上有个机件坏了。”一个珠圆玉润的北方口音，突然在春娘耳边响起。

春娘见一个二十许的清俊小伙儿站在她摊前，手里拈了一片自己织的湖罗，正定睛细瞧。

春娘心中一动：他如何就晓得自家的罗机子坏了？就凭自己织的这片湖罗？

春娘正要详问，一个老实的中年男子穿过人群，拍了拍小伙子的肩，在他耳边说了几句什么，那小伙子便急忙忙跟着中年男子走了。

“你的罗机子上有个机件坏了。”那小伙儿的话音在春娘耳畔萦绕。

张岱逛香市逛得津津有味。他是个衣食无忧的富家公子，逛香市的主要目的是看热闹。别人看热闹不过看看而已，他却看出许多门道。就拿前几日天竺香市遇到的那个青年刻书匠来说吧，刻功不凡，自己往后编写的书有了可靠的刻印处。

今日那小伙子与春娘的对话，更是激起张岱无穷的兴趣，那小伙子又是怎么能从一片罗布上，就看出织机有问题的呢？张岱好胜，便起意要把这湖罗买回去验看。

“这罗布我全要了。”他指着春娘摊上的湖罗道。

春娘初听之下，以为是强买强卖的“坐山老虎”来捣乱。待她抬头见是一位清秀的青年书生，一小锭足银又爽气地递到她面前，方才深信而欣喜地替客人包起货物。

她哪里知道面前这位任性的青年书生买回湖罗的真正目的是什么呢？

庙会上的修织机匠人

出钱塘门，沿山十八里至留下，再十余里至山。城中各行，均有香会纠分偕往。……每逢三月间，城里乡绅，以及大家富户之妇女，约伴烧香，名曰翻三山，盖云尽一日之长，烧遍三山之香也。

——〔清〕范祖述《杭俗遗风·三山香市》

吾杭为东南江海重藩会区，土地之广，人民之众，物产之富，贡赋之重，山川清淑，人物英明，宫室城池之壮，商贾货财之聚，为列郡雄。

——〔明〕陈让、夏时正《成化杭州府志》

香市上的人一天比一天多起来。

到三天竺进香的嘉湖人，到普陀进香的山东人，每天都走着跟春娘一样的路线。从江南运河坐船而下，过北新关上岸，到香积寺烧头一炷香，再赶到松木杨香荡停泊，摆出货摊来与人交易。

特别是苏、嘉、湖、锡、常一带的蚕农，大多整村而来。用架子装了数十斤重的大蜡烛，需两个成人方能用杠抬动。其余的人敲锣打鼓地跟在后面。还有舍幡，是扯了数十丈的黄布、白布施舍给寺庙，因为量大，不得不扶着牵拽而行。

到了寺院，香客们将那巨大的蜡烛燃起，等熄灭后再将烧剩下的蜡烛余段带回家。养蚕的时候这些残烛可用来照亮蚕室，据说这样可以得到佛祖的保佑，让蚕大发。

那些黄布、白布，过不了多久，就可以裁成僧装，穿在寺僧们的身上。更有富裕人家，将数百数千斤檀香、线香运进寺中，稍加烧点之后，其余皆送与寺庙。据说全杭州香烛店里的香烛加起来，都不如寺庙中贮藏的多。

春娘她们已经在香市呆了半个多月。她们一路朝山进香，顺便游春赏景，所带的货物也已经卖完了。春娘那被看出织机瑕疵的湖罗，当日就已被张岱全数买去，其余货物也都卖得半片不剩。可她还惦记着那个圆润的声音，却不知到哪里还能再碰见那小伙。婶娘们贩卖土产，赚得颇为满意，便带着春娘四处烧香，兼逛庙会，好买些家用物品回去。

老百姓烧香拜庙，大抵是佛道不分，遇庙烧香，见寺拜佛。

杭城各山各寺，大小庙会不知凡几：立春“太岁上山”，元宵“龙灯开光”；正月初九，玉皇山上祭玉皇诞辰；二月初八，霍山行祠朝拜张王；三月初三，殿司真武会；三月二十八，东岳大帝生辰，东岳行宫有五处，处处有迎神赛会；祭祀土地，每月初一、十五有月香会；又有庚申会、城隍诞辰等不一而足。四月初八佛诞日，四大丛林更有盛大的放生会。至于五月十八温元帅会，六月二十三火神诞会，六月二十四雷公诞夜香，七月十五盂兰盆会、西湖放灯，七月三十万松岭地藏殿的地藏王诞辰，八月十八致祭潮神，九月初旬九皇斗坛……下乡香客们已经赶不上了。

这天已到了三月三，正逢北极佑圣真君生辰。佑圣观中打醮修斋，香客们纷纷进观拈香，这庙会又是一番热闹。

浮浪人家子弟们个个鲜衣怒马，士女们多簪花戴金。更有彩旗、鼓吹、伎乐、舞队，斗蟋蟀的，赛鸟的，各方买卖赶趁的。佑圣观中更有雀竿之戏献演，一根三丈高的长竿树在中庭，由一人攀缘而上，舞蹈盘旋，做出金鸡独立、鹞子翻身、玉兔捣药、钟馗抹额等惊险动作。

春娘也挤在人群中看，时不时差点呼出声来，屡屡替他捏了一把汗。竿上人却轻松自在，宛若蝶飞。

佑圣观门口也是处处设摊，叫人脚都没有下处。大到古董珍玩，小到针头线脑，应有尽有。春娘一边有心无心地逛，一边还在惦记着那个说她罗机子坏了的人。

〔明〕陈洪绶《升庵簪花图》

江南地方妇女，除了仕宦人家之外，大多要采桑养蚕，与人买卖交易，都能当家说话，故而多为天足，性子也自然得多，少有理教的束缚。春娘如今已经成人，又跟着婶娘们出来，开了眼界，当然希望择着一位脾性好、有手艺的夫君，相扶相持，把自家门户立起来。那个能一眼看出她所织湖罗问题的少年郎君，怕不是一位机匠高手吧？不知可还有缘再次见着？

春娘逛着逛着，不觉来到一处皮影摊子，影戏刚散，被一伙孩童一哄而上，将演戏用的背景绵纸都扯了抢走。春娘知道，这伙孩童定是养蚕人家的孩子，讲究用供神演戏后的蚕花纸贴在蚕篷里衬幼蚕，据说可护佑蚕事大丰收。

春娘再看庙会上，不论男女人人头上都戴了朵荠菜花。她大着胆子向一位女娘打听，方知据杭城风俗，三月三，是荠菜娘娘生辰，有道是“三春戴荠花，桃李羞繁华”。那女娘就着野地里采了一朵荠菜花，赠予春娘。春娘不好意思，向人家道了谢，便也戴上了头。

不觉间，春娘发现自己走到了佑圣观后面的僻巷。

时值香市，下乡香客涌入杭州有成千上万之多。城内外店铺家家热闹，坊巷沿途处处设席。杭城做生意，一年皆靠这春季的香市，无论吃穿用玩，均可做得数千贯生意。故这僻巷也不僻，也照样是铺席挨满。

正对着春娘的，恰是一个木匠摊儿，摆着许多木构机件。有几个蚕客围着摊主，听他解说着什么。春娘压住心头小鹿，走近前一瞧：那讲说的摊主，可不就是在香荡遇到的青年？解说的声音，依旧圆润悦耳，带着正宗的中原口音。

那青年机匠正摆弄着手头的几样机件，一边装上机车，一边介绍：这是白踏，若要织纱时，便在华机子（提花机）上按上此件；这是扯子，若要织素物时，只用这件即可；还有这梭子长短与轴心不可错了比例，这筘更得……

春娘听得入了迷。不知不觉中，那小伙儿已经卖出两三台织机和数十个机件，围着听的织户也渐渐散了，春娘才发现，竟只剩下自己跟那小伙儿两人。

"你是，那湖罗……"那小伙儿认出了春娘。

春娘脸一下红了，又鼓起勇气大大方方地问："那日，你看了我的湖罗，便说我的罗机子有问题。你倒是说说，你怎么看出来的？"

那小伙初时也是脸涨得通红，听到春娘问他专业问题，便开始滔滔不绝："你那罗机子上，可有一样机构，是用来提绞经的？织将起来，应前俯后仰，上下翻飞，叫作老鸦翅的不是？你织的湖罗，绞经未能绞牢，罗就不结实。新时看不出，用上两三年就散了。你那罗机子上的老鸦翅已然磨损，需得换个新的。"

春娘见自家织机的毛病，被小伙儿说得清清楚楚，顿时十分钦佩。便问小伙儿，可有老鸦翅配卖？小伙儿却是为难了一下，说道："这机构倒是有。只是老鸦翅装上罗机子，还得上机调试，才能运作顺畅。不然姑娘您就是买回去，没人给调试，也是枉然。要不这么着，姑娘您家住哪里？等这香市结束，过了清明，我到您那儿上门调装，您看可好？"

春娘脸又是一红。

〔宋〕佚名《丝纶图》中纶丝场景

哪有小伙儿一见面就管人家大姑娘问家住哪里的？但又见那小伙儿说得真挚恳切，并非故意轻薄，便觉是自己多想了呢。

春娘的内心很矛盾。她听到小伙儿问询，心中不免欣喜，但想到他可能只是做生意而已，又不免怅然。她告诉那小伙儿自己家住菱湖虞家村，又问能不能清明前早些来。原来蚕家迷信，蚕事一旦开始，家中不可再来生人。故而江南地方养蚕时节，连走家串户都绝了迹，只为担心冲撞影响了收成。那小伙儿略迟疑一下，就答应了。

就这么公事公办约完之后，春娘又添了一句，问那小伙儿是哪里人氏，听口音好像不是江南人。说完又是后悔，脸是更加地羞红。

小伙儿却不以为意，说自己是山西潞安州人，祖上

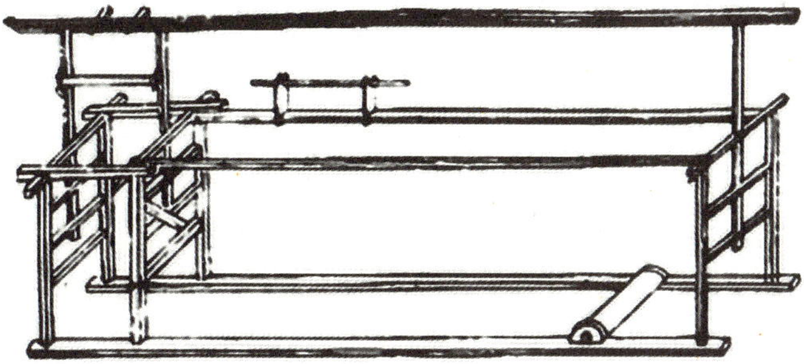

〔元〕薛景石《梓人遗制》中华机子图

曾写过一本《梓人遗制》。春娘不曾听说过什么《梓人遗制》，只隐约觉得十分厉害，但春娘却听说过“南松江，北潞安，衣天下”，原来这小伙儿的匠艺是师出有门。

春娘与小伙儿有一搭没一搭地说着话，心里却是翻江倒海。她思忖再三，掏出一块自己织的罗绢帕子，扔到小伙儿的织机上，说算是预约上门的定金。与小伙儿约完之后，春娘再不敢停留，快步怅怅离去，回去找婶娘们，对此只字不提。

那青年匠人拾起罗绢帕子，却见上面绣着一对鸳鸯。

“你姓薛？薛景石的后人？果然高明！”青年匠人循声回头望去，却见到了张岱那兴致勃勃的笑脸。

昭庆寺与西湖香市的兴衰

三月廿八日，东岳帝君诞辰……是日百戏竞集，观者如堵，所为杂剧、清乐、耍词、小说、蹴鞠、拳棒之属，令游人应接不暇焉。

——〔清〕陈梦雷、蒋廷锡等《古今图书集成·杭州府部汇考·杭州府风俗考》

西湖香市，起于花朝，尽于端午。山东进香普陀者日至，嘉湖进香天竺者日至，至则与湖之人市焉，故曰香市。然进香之人市于三天竺，市于岳王坟，市于湖心亭，市于陆宣公祠，无不市，而独凑集于昭庆寺。昭庆寺两廊，故无日不市者，三代八朝之骨董、蛮夷闽貊之珍异，皆集焉。至香市，则殿中边甬道上下、池左右、山门内外，有屋则摊，无屋则厂，厂外又棚，棚外又摊，节节寸寸。凡胭脂簪珥、牙尺剪刀，以至经典木鱼、孖儿嬉具之类，无不集。

——〔明〕张岱《陶庵梦忆》

不多久，主要由杭城本地香客组成的三山香市也开始了。

所谓三山香市，是由本地、本行的香头率领，组成数十或数百人的香会，翻三山进香。讲究在一天之内，要跑遍天竺山、小和山与法华山，敬奉天竺之观音大士、小和山之玄天上帝、法华山之东岳庙。

行程百余里，从早至晚，提灯夜行，烛火如盘蛇，在山路间蠕动。到三月二十八东岳大帝生辰那天，也是三山香会最盛时，进香人数达到了顶峰。五处东岳行宫都要举行盛大的迎神赛会，尤以法华山的东岳庙会盛况无比。

戴青郎的父亲今年被推作书肆行的香头，约齐了杭城大小书铺，定于三月二十八进香，以“天”字为号，往东岳庙翻三山敬神。

每家书铺依据各自的实力凑份子。书肆行“天”字号共拢了千余号众，由戴青郎父亲负责订制号衣，准备香烛纸马，以及点心吃食。戴家书肆论资本并不雄厚，只是原来的香头忽然得了重病，不能操持。而行会里又公推戴家，自然是因为看重他家精湛的刻书技艺。戴青郎父亲被如此推许，更加小心谨慎，要尽全力把差事办好。

于是全家一齐上阵，戴青郎年青脚力好，自然是被父亲差遣着买这买那，几乎跑遍了整个杭城，竟一日不得消停。距三月二十八还有半个月时，戴青郎又被书肆行推作扮迎神赛会上的“锦衣将军”。于是，他又是裁制戏衣戏帽，又是游行演习，更加忙得脚不沾地。这么一天天忙着，竟把天竺香市上的约定全然忘到了脑后。

转眼到了三月二十八。书肆行的香众三更即起，在戴青郎父亲带领之下，肩挂黄包，手携香篮，腰系红带，头裹白巾，出了凤山清波门，由茅家埠翻桃源岭，过新凉亭，直行到法华山东岳庙前。

等他们到达时，有几拨居住下城的香众，从钱塘门行至法华山的，已先到了。待所有香众聚齐，法华山的东岳大帝迎神赛会便开始了。

只见八对“清道校尉”在前开道，个个戴盔披肩，穿团花戏袍，着粉底皂靴，佩偃月刀，威风凛凛，徐徐而行。其后跟着八面抬锣，仪仗队举着“回避”“肃静”的虎头禁牌，铁钺、金瓜、彤弓、玄矢等执仪锃亮，龙凤、虎豹、金乌、玉兔等旗帜飘扬。

诸校尉之后，骑白马的“锦衣将军”护驾。“锦衣将军”后面是一位彪形大汉，擎着一面三四丈高，绣着“敬神如在”的绸缎大旗。那大汉边走边舞，时而顶在头顶、前额，时而托在手臂、拳头，各种耍弄。

其后是各行业、各村坊的乐队、舞龙、高跷、台阁、扮无常、扮判官等杂耍队伍。再后面是一些提香炉的、端神器的。

最后侍卫簇拥护卫着神轿而出，神轿内端坐着“东岳大帝”的金装木像。

神轿之后，还跟着数十位扮作罪囚的人。这些人原是生过病，曾许愿迎神日扮犯人，才算还了愿，才能除病根。

只见神轿所到之处，迎驾人纷纷跪接，善男信女们高念经文。这一日，东岳庙自又有十方施主，虔奉香烛布米无数。

迎神赛会散后，戴青郎来不及换衣服，便加入了书肆行的进香队伍。与其他香众的队伍汇齐，出了法华山，一路到留下小和山拜玄天上帝，再翻石人岭至天竺参拜观音大士，来回有百里之遥，却无一人叫苦。

大户人家的内眷也都在这天盛装出行。从钱塘门外地藏殿道古桥起，行至小和山，一路参拜十八处灵官殿。俱是阔大的宽轿，披绸挂彩，随带着无数仆妇丫鬟，装饰灿耀头面，身着鲜艳衣裙，穷工极巧，斗艳争华，在留下一带的乡民眼里，宛若嫦娥仙女下凡而来。有对联说得好："腾云驾雾娉婷女；玉叶金枝窈窕娘。"

从法华山到小和山，再到天竺山的沿途，设了无数铺席，摆卖竹篮、果盒、小木鱼诸物。就连乞丐也各按位次，挨着坐索，讨得的棉线、蚕豆、糕饼不计其数。三场香市下来，乞得的钱物竟可作一年之用。这一拨富贵人家的内眷，与三山香客的到来，直把往日偏僻的小和山，生生热闹成了锦绣世界。

然而，这还不是最热闹的。

沿运河而来的下乡香客，从钱塘门出城的本城信众，从松木场香荡下船的北地檀越，从茅家埠返回的进香人，

上天竺

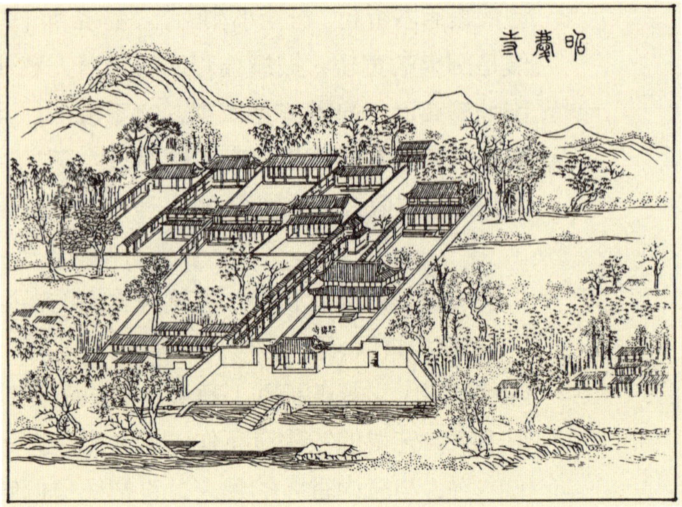

昭庆寺

天竺香市、下乡香市、三山香市的所有香客，无论来回，总要在钱塘门外昭庆寺聚集。昭庆寺与圣因、云林、净慈，并称杭城四大丛林。而唯有昭庆寺恰在西湖与城市之间，是进山往灵隐、天竺烧香的必经之地，故成了西湖香市的万众辏集之处。

从二月花朝节起，直至五月端午，杭城无时不节，昭庆寺则无日不市。

南来北往，数千上万的香客汇集西湖。没有一艘游船不在西湖上来往，没有一个闲人不在香市上奔波，没有一家酒肆还能有隔夜的陈酿留下。渡河泛湖，翻山越岭，烧香拜忏，迎神赛会，清明觅芳，浴佛放生，一节接着一节。西湖诸寺，无不香烛鼎盛，香客奔逐如潮，撩扑不开，牵挽不住，处处人流涌动，人声鼎沸。

整个昭庆寺上下，从寺前空地，到寺中两廊，殿中旁边，甬道上下，放生池左右，凡有屋的摆摊，无屋的搭场，场外架棚，“棚外又摊，寸寸节节”，都是卖货的大小摊席。什么三朝八代的古董，闽广一带的奇珍异宝，胭脂花粉、花枝香料、发簪耳环、骨牌、木尺、剪刀、佛经佛像、湖景画像、木鱼、纸笔、墨砚，以及泥猫泥孩、竹马等玩具，应有尽有。连路边都搭满了浮棚，卖酒食的都无处可坐，只好挤在卖茶处借坐饮酒。

戴青郎从天竺回来，到昭庆寺时已然十分狼狈。

他与父兄走散了，银盔也歪了，白袍也污了，靴子底沾满草屑，汗津津，喘吁吁。戴青郎原来肤色白，如今一番奔波之后，竟是白里透红，色转皎然。他自小爱美，学了雕绘后，越发注意自己的仪容。可昭庆寺这般嘈杂，竟没个整理之处。正尴尬无奈间，却被一个人迎面碰了个正着。

戴青郎定睛一看：这不是天竺香市上那个丫环？

他忙往丫环身后张望。

那丫环却没好气地打断了他，说：“别望了，我家小姐嫌这里腌臜嘈杂，远远停在了外面。我们早在留下就已瞧见了你，锦衣将军！”

戴青郎被揶揄得无地自容。

那丫环又说：“你忘了半月之约了？几次上你家书肆去寻你，都没找见，只当你是个骗子，今在书肆的‘天’字号行里见了你，方知是真。我且问你，何时能得空，给印我家小姐的画儿？”

戴青郎连连拱手，解释为着行香及庙会，错过相会的原因。又说，明日定在书肆恭候大驾。

那丫环这才罢了，再三叮嘱，切勿爽约。戴青郎点头不止。

张岱在昭庆寺挤出一身臭汗，出来透气，恰见着这一幕，禁不住打趣戴青郎："明儿，我也上你那书肆去，你接是不接？"

戴青郎认出是上回天竺香市的书生，忙不迭施礼唱喏。这些富贵人家的公子小姐，个个都是他的潜在主顾，哪里得罪得起。张岱见戴青郎的窘状，却拊掌大笑，飘然离开。

二十年后，崇祯十三年（1640），昭庆寺被一场大火烧得只剩了断瓦残垣。接下来，连年的战乱、疫病、饥荒，城中时不时抬出饿殍，香市遂废。那时，虞春娘和薛匠人的大孩儿已经成人，欲奉双亲再作西湖之游。竟因山东道阻，不得成行。

戴青郎已继承了父亲的书肆，偶尔会想起，年轻时为那不知名姓的小姐雕版刻印的彩绘花鸟画。书肆如今已是门庭冷落。连饭都吃不饱的年头，哪里还有人会买书看书？戴青郎并不知道，他所思念的小姐，已随做官的丈夫，殉职在北方任上了。而当年一个香市就能乞得一年花销的乞丐，其门徒子孙们，现在可还能勉强生存，糊住这张嘴？

张岱则在明亡之后，隐居在四明山中，追忆昔年繁华，写下了著名的《西湖香市》一文。这西湖香市的兴衰，既系着国运，亦通着民命。

余　韵

自今观之，如杭之茶、藕粉、纺绸、纸扇、剪刀，湖之笔、绉纱，嘉之铜炉，金之火腿，台之金桔、鲞鱼，亦皆擅土宜之胜，而为四方之所珍者。

——〔清〕陆以湉《冷庐杂识》

居民均袖绕白布，悬旗欢迎，惟店铺未敢开门。当由张君镜如、寅季两昆仲，带同巡警在荐桥大街、清河坊一带，劝令照常开市，毋自惊扰。……于是，各落排门，安然贸易，居民见商店照开，人心大定。

——《浙江光复记》

朱三保是大营前一家锡箔铺的小伙计。因着每年的香市，寻常锡箔铺子生意都极好。杭城锡箔业发达，贡院、孩儿巷、万安桥西一带有上万户专制锡箔发卖的，所制锡箔远销京师和其他各省。朱三保所在的锡箔铺不过是杭城锡箔业微不足道的一根毫毛。然而，就这根毫毛每年香市所赚，也已不可计数。朱三保只是个小伙计，自然不知底细。他只晓得自己一到香市，就得每天蹲在石砧前打制锡箔，总有六七个时辰之久，从早到晚不得歇息，连吃饭都是嚼一两个馒头算数。半季香市下来，他已经腰都直不起来了。香市一结束，总要歇上两三个月，腰方能恢复正常。几年香市忙乎下来之后，他是一听见香市，腰就隐隐作痛。

香市里，做锡箔用的原料竹纸用罄了好几回，铺主人急从余杭、富阳等地进了好几回货。用南高峰所出青石制成的石砧也都敲裂了，铺主人从别处寻了块条石回来代用，却不如青石光腻，但一时也无法可想，只好先凑合着用。跟许多锡箔铺一样，他家也是前店后坊，自产自销，批发兼零售。经常来他家铺子进货的有十余户“纸担”商人，他们白天挑着锡箔担出城，往往运送至城外数十里之外。到了晚间，又纷纷回城，齐聚于凤山门、武林门下。守城的官兵依循旧例，往往等纸担汇齐，这才关闭城门。

然而，一个月前，纸担商渐渐来得稀少了。虽说香市早就落幕，天气入了秋，锡箔的生意是会淡些。可朱三保觉得这不像寻常的淡季，就连铺主人一家也有些慌张的神色，总背着他商议着什么。终于，一个跟他相熟的纸担商在装纸时悄悄告诉他，武昌“革命”了！城里大官的家眷都躲起来了，有钱人家也都逃到乡下去了。纸担商好心地提醒朱三保，让他早做打算。

“革命”？朱三保在嘴里咂摸着这个陌生的词汇，有些不知所措。他感激这个纸担商，却并无别的打算。他是个孤儿，从小被铺主人收养，略长大些便在铺中劳作，除了这家锡箔铺，他还能往哪里去打算？

这天下午，铺中存米已尽，铺主人吩咐朱三保去米铺买米。朱三保从熟识的街上走过，发现往常热闹的街面萧条了许多。大东门蔡家的猪头肉，是用三天三夜不间断的火候炖蒸出来的，入口绵软即化。往常排队买蔡家猪头肉的人要排出一里地去，今天竟没有一个人排队！炖猪头肉的锅灶不见一点儿烟火气，蔡家猪头肉竟然也熄了火？

“小有天”的坛子肉风味独特，每一小坛要卖小洋八九角之多。朱三保自然吃不起，但总见他家宾客盈门，惹得朱三保起誓等哪天发了财，也来吃它一坛。今天却上着门板，没有开门！

六聚馆的虾黄鱼面鲜美无比，面汤用火腿或笋熬炖，与别家肉骨所煮味道自然不同。六聚馆也关着门冷冷清清。徽州面店的小碗素面加了豆腐、干丝等，面条比较粗硬却易饱腹，每碗只卖十文，极受苦力和小工们的欢迎，小小的面店经常坐不下，总有十余人端着碗，坐在店门口一排溜的小凳子上，埋头吃面。今天，那门口的小凳子都被收走了，店里也没几个人吃面。董家纸伞铺、汇昌南北货、王记剪刀、允升线铺、昌明布店、赵记丝铺、胡泰油店、李记扇铺、四海烟店诸家店铺，要么开着门也没什么生意，伙计们都懒懒地躲在店堂里并不出力招徕，要么已经下了门栓，大白天的却不营业。

米铺门口倒是围满了人。等朱三保走到近前一看，心里凉了半截。却见店门口高悬着一张斗篮，篮中散放着五六斗陈年的黄糙米，一股霉味扑面而来。旁边贴着一张告示，众人都挤着看这告示。大部分人跟朱三保一样不识字，就有一个米店伙计出来跟大家解释，说：“都别挤啦！现在米铺只有这种黄糙陈米，定价七元四角，每人限购一斗，多了没有！都要现钱，一律不赊！”

那伙计话音刚落，围着的人群喧哗起来。众人虽是不满，却也只得排队来买这霉变的陈米。朱三保见状也赶紧排队，想着先买回去一斗再说。那伙计见众人屈服，越发趾高气扬，一边叫喊着“排好队，准备好现钱”，一边称量收钱。快排到朱三保时，那伙计又出来喊话，说：“后面的别排了，今天的米已经卖完了！明天赶早再来吧！”众人见辛苦排了半天，还买不到米，一股子气都冲了出来。

“他店里明明有米！”人群中不知是谁喊了一嗓子。

这句话犹如往干柴堆上扔了一粒火星儿，一下子撩拨起熊熊大火！

“砸烂他的米铺！”

“抢米！抢米！”

众人吵嚷着涌进米铺，那伙计见群情激愤拦阻不住，赶紧往后院逃去。朱三保也混在人群中进了米铺，却见那米铺的仓房中竟藏着几百担的上好粳米！大伙儿各自找米袋装米，不多时，就将这仓房中的米瓜分殆尽。

人群余怒未消，又往东街、普安街、菜市桥、联桥、孩儿巷、同春坊、官巷口、平津桥等处涌去。沿途加入了许多泼皮无赖、痞匪光头，跟在里面火上浇油，撺掇挑拨。人群越发鼓噪起来。一路走，人是越聚越多，声势浩大。众人一见米铺就闯将进去，气汹汹打砸捣毁，把铺内存米搬抢一空。其余商家见状，也都忙不迭关门落锁，生怕这伙人抢红了眼，什么都要来抢劫一番。

过了平津桥，人群还要前行，却被一支巡防队挡住了去路。领头的队官朝人群喊话，但人群已是激动万分，哪里听得进去。那队官见喊话并不起效，便命令营兵立定了，向空放了几排枪。

枪声终于骇住了众人。

抢米的众人不过是些乌合之众。只因那米铺刻薄藏米，这才激起这番民变。巡防队的枪声一响，大伙就一哄而散，四下逃命去了。可也正因这枪声，周围商铺、街坊民居，都疑心武昌革命的烈火，已燃烧到了杭城！

百姓们纷纷藏匿。一时间，巡防队的马蹄声、枪声，贫民的脚步声、呼喊声，妇人小孩的号泣声，街坊邻里的呼救声，在杭城街巷的上空鼓荡回响。商铺商议着明日罢市，居民合计着往哪里逃难，人人惊惧，户户纷乱。合城上下，已经风声鹤唳。

朱三保趁着乱，背着抢来的一袋米，摸黑回到锡箔铺。他因是参与了抢劫逃回来，心里发虚，脚步不免踉跄了一下。却被一个年轻人扶住，没有跌跤。

那年轻人是一个月前来杭城的，就住在锡箔铺隔壁的奉化试馆里。

几天前，奉化试馆又来了一批奉化栖凤帮的渔佬儿。这年轻人沉稳冷静地将他们接进试馆。年轻人不过二十出头，却见那些渔佬儿对他都敬服得很，喊他“蒋队长”。[①]年轻人腰板挺得直直的，一副士官打扮，气质与那些渔佬儿凶蛮粗鲁的江湖气截然不同。

这些奉化人白天躲在试馆里不出门，晚上倒是点了灯，聚在一起嘀咕。朱三保疑心他们与“革命”有关，但与他锡箔铺的生计却无关，便不去多加关注。

现在，这个年轻人扶住了朱三保，朝他背上的米袋看了一眼，眯缝起眼带着笑意，用浓浓的奉化口音问道：“街上不怎么太平？”

朱三保点点头，惊魂未定地说：“开枪了！店铺都关门了！”

①史载蒋介石在武昌起义后从日本回国，杭州光复时受陈其美派遣，担任敢死队的指挥官，时年二十四岁。据辛亥九月十九日（1911 年 11 月 9 日）上海《民立报》刊《浙江敢死队之壮观》一文载：“浙江革命军之编制皆以敢死队为先锋，然后继之以各标新军。敢死队之编制共分五队，以蒋介石为指挥官。”

年轻人也点点头，安慰似的说：“快了，快了。没事别出门，天快亮了。”

朱三保没有多想，答应了一声，便与那年轻人道别，进了锡箔铺，向主人汇报这半天的惊险经历不提。

第二天，锡箔铺跟其他街坊邻居一样，大门紧闭，铺中男女老少，都一起屏息躲在柴房。到了傍晚，朱三保按铺主人吩咐，出来打探消息，却见奉化试馆大门敞开，馆中那些奉化人都不见了。抚署衙门那里，却传来轰天的爆炸声。朱三保从未见识过炸弹，吓得三魂丢了两魄，屁滚尿流逃回铺子。

转天再出来时，却发现满街满户都悬了白旗，人人袖上缠着白布，大街小巷都在欢呼：杭州光复了！

再隔了一晚，听说旗营也投降了，满人纷纷出营，另谋出路。汤寿潜都督的布告张贴满杭城：“旗营已缴枪械，军府担任保护，宣布共和主义，决无自背人道。痞徒乘机造谣，及有滋扰情事，一经当场拿获，必按军律不贷……”

城内通江桥市、清河坊市、司前市、塔儿头市、闹市、荐桥市、羊市街市、东花园市、寿安坊市、众安桥市、惠济桥市、菜市桥市、东街市等十三市皆闭门罢市。全城搜缴残存的枪械，枪毙了几个偷藏军械的旗人。又有流言说旗人在水中投毒，取水需养活鱼试验是否有毒。贫民抢米风潮此起彼伏，米店抢毕，又抢米船，西湖坝、湖墅附近都有米船被抢。现洋奇缺，新政府发行军用票敷用。又有军人强行典当，当铺为了避祸，终日关门。为安抚流民，平靖时局，自治会、商会纷纷组织开设粥厂施救，又以商团巡逻自保。乱了大半月光景，才渐渐

褚辅成像

消停下来。米价也降到了每担五元，各米铺再不敢藏米抬价。城内十三市、各店铺在军政府的劝告与保证下，渐次开门营业，市面终于恢复了平静。杭州和平光复，经历了一番从纷乱到平和的动荡。

浙江省民政长褚辅成在菩提寺路(后转到百井坊巷)建造平房200间，安排仍留在旗营中的妇幼老弱，一家一间，免费奉送。满城城墙、旗营内狭窄的营房、坊巷纷纷被拆除，沿湖建了六个公园，湖滨路、迎紫路（现解放路）、平海路、延龄路（现延安路）四条“井”字形大道搭起了新湖滨的骨架，平整宽敞，怎么看怎么舒服，颇有些大城市的气象了。不久，新新、蝶来、金城、西湖四大饭店动工，湖滨、环湖、清泰等六家旅馆开办，楼外楼、聚丰园、多益处、知味观、天香楼、素馨斋等菜馆环湖林立，国货陈列馆、圣亚美术馆等五家大型商店盛大开业，大世界、新新娱乐场、西湖共舞台也陆续开张。湖滨新市场已初具雏形。

新市场地皮拍卖进展并不顺利。1914年，阮性存先生①买下湖滨的一块地时，才标到“第十号”。战乱初

①阮性存，字荀伯，法学名家。清末留学日本法政大学。返国后，在杭创办全国第一所私立法政学堂，先后任杭县律师公会会长，省参议员、省司法厅长。

20世纪初改造后的延龄路，后改名为延安路。摄于1917至1919年间

定中的人们，投资格外谨慎，谁能料到湖滨后来的繁华？

褚辅成在对友人回忆建设湖滨新市场的初衷时，提到当时日本人正占据拱宸桥租界，想在那里建市场。为了阻隔日本人势力的渗透，褚辅成决定拆旗营兴办湖滨新市场。果然新市场一建，杭州城的繁华热闹就留在了城内。日本人见此情形，只好将原来堆放在拱宸桥的建筑材料削价卖给新市场的建筑商人，一度灯红酒绿的拱宸桥，也随着新市场的兴起，逐渐荒凉下来了。

朱三保所在的锡箔铺，在杭州光复半个月后就正常开门营业了。蒋队长还在之后几十年里，以不同的身份回过几次奉化试馆。朱三保却再没遇到过他，又哪里能知道这位当年的敢死队长，后来的蒋总统，早就公开背叛了革命？锡箔铺的生意倒是大不如从前了。也许，在朱三保不太理解的“革命”新词里，蕴含着一种新的力量，

当时杭州中心最长最宽的街道御街（今中山路）。摄于 1917 至 1919 年间

使人们不再将命运交付给神仙菩萨，而是牢牢地攥在了自己的手中！

参考文献：

〔明〕张岱：《陶庵梦忆》，上海古籍出版社，2001 年。

〔明〕田汝成：《西湖游览志》，浙江人民出版社，1980 年。

〔明〕田汝成：《西湖游览志余》，浙江人民出版社，1980 年。

〔清〕范祖述：《杭俗遗风》，上海文艺出版社，1989 年。

王国平总主编：《杭州文献集成》，杭州出版社，2004 年。

王国平主编：《西湖文献集成》，杭州出版社，2004 年。

孙忠焕：《杭州运河史》，中国社会科学出版社，2011 年。

姚建根：《江南城镇通史·明代卷》，上海人民出版社，2017 年。

劳志鹏：《武林街巷志》，杭州出版社，2008 年。

顾希佳：《杭州运河风俗》，杭州出版社，2006 年。

中国人民政治协商会议浙江省委员会文史资料研究委员会编：《浙江辛亥革命回忆录》，浙江人民出版社，1981 年。

中国人民政治协商会议浙江省委员会文史资料研究委员会编：《浙江辛亥革命回忆录续辑》，浙江人民出版社，1984 年。

尾　声

集市的兴旺发达，一在物，二在人，三在人与物的联结。

在翻检杭州集市的相关史料时，不得不慨叹，可能没有哪座城市，像杭州这样，与物的制造、人的集结、商品经济的流通，结合得那么紧密。

良渚古城遗址的考古发现，与北方遗址中多见暴力杀戮的痕迹不同，良渚社会的组织方式，更有可能通过筑城修坝、工农分业等方式和平进行。

先秦时代，成为吴越两国必争之地的钱唐，也处处烙上了重商富国的印记。

杭州城从僻远荒凉的山中小县，发展成吴越国时代的“地上天宫”，再到南宋时的世界第一超级“天城”，这不得不归功于浙学思想中一以贯之的崇实重商观念。

杭州集市，就是在这样一种迥异于儒家传统的观念中生成繁荣起来的。集市聚集了人，流通了物，人制造了物，物又是人烟生息的基础。有了集市，市以成城，城以护市。因而，在围绕集市展开的故事中，铺展开的甚至是整座城市的历史。它筑基于务实的浙学传统，根植于市场经济的源流。

本书关于集市的物质层面，皆依据已有的考古发现与文献史料记载，符合当时的生产力水平。器物形制与特点、民风民俗等皆据考古材料与时人笔记、诗词、小说等书籍所载，务求述有所本。凡火灾、起义、暴动、战事、抢米、革命等事件皆据史载；历史人物如孙坚、孙承祐、赵伯圭、陆游、周必大、杨万里、范成大、朱熹、陈亮、高濂、张岱等人严格考证其生平仕宦经历与思想主张；如海盗胡玉、许昌父子、胡商、王大世、船主蒋承勋、日延和尚、蒋崇仁、薛景石等，则在史料所载基础上，根据故事需要进行补充丰富。

其余底层市井百姓，如工匠、商人、市吏、管家、奴仆、四司六局的掌事、食铺伙计、米船伙计、老农、刻书匠、蚕娘、织机匠等，都是虚构的小人物。他们曾是埋藏在史料之下的芸芸众生，正是他们用自己的双手创造了集市的物质财富。如今，借助集市故事得以复活，倒是应有之理。在真实的物、真实的历史人物与虚构的市井人物的交织纵横中，展开从皇家贵族、士人兵将，再到底层百姓的全景层次，截取杭州集市几个代表性的时间点，力求窥一斑而见全豹，探索杭州集市的“精”“气”“神”。

抚今追昔。如果对照历代杭州集市的地图，更会惊叹，原来集市的传统，竟可以跨越千年，绵延至今。京杭大运河、钱塘江的诸条分支水脉，贯穿了杭州城内外，也使杭州成为南北东西的货物、人员流通的中心。

于是，沿着当年的水陆要道，生长繁衍起来的杭州集市，至今依然保持着几千年的物阜民丰。南宋的御街，今天的中山路一带，仍然是杭州无可争议的市中心。湖滨依旧繁华。运河入杭州的余杭门——今天的武林门，林立着武林大厦等高端购物场所。那一条条街巷的名字：米市巷、卖鱼桥、官巷、菜市桥……那一个个镇市的名字：临平、塘栖、安溪……历经岁月的磨洗，依旧热闹，依旧繁华。

甚至，在每一处人声熙攘的夜市，每一家摆放的货摊，每一个买卖交易的瞬间，竟是遵循着同样的道理与传统：集市，是人与物的汇集与流通。物，皆是百姓日用。人，俱需柴米油盐。人与物的联结，则关系着民生。

如此，千年之前，与千年之后，并没有本质的差别。这份集市的喧嚣与热闹，就在熙熙攘攘的人流中，古今相同，永远延续。

丛书编辑部

艾晓静　包可汗　安蓉泉　李方存　杨　流

杨海燕　肖华燕　吴云倩　何晓原　张美虎

陈　波　陈炯磊　尚佐文　周小忠　胡征宇

姜青青　钱登科　郭泰鸿　陶文杰　潘韶京

（按姓氏笔画排序）

特别鸣谢

曹工化　夏　烈　徐吉军（系列专家组）

魏皓奔　赵一新　孙玉卿（综合专家组）

夏　烈　丁莉丽（文艺评论家审读组）

供图单位和图片作者

良渚博物院

王心喜　张　望　韩　盛　傅伯星　鲁　南

蔺富仙（按姓氏笔画排序）